# Le **revers** est le **tremplin** d'un retour en **force**

L'HEURE EST VENUE DE
FAIRE UN RETOUR EN FORCE !

# **Willie Jolley**

LE REVERS EST LE TREMPLIN D'UN RETOUR EN FORCE
Édition originale publiée en anglais par Goko Management, McMahons Point,
Sydney, Australie, sous le titre :
A SETBACK IS A SETUP FOR A COMEBACK
© 1999, Willie Jolley
Tous droits réservés

ÉDITIONS DU TRÉSOR CACHÉ
815, boul. Saint-René Ouest, Local 3
Gatineau (Québec) Canada
J8T 8M3
Tél. : (819) 561-1024
Téléc. : (819) 561-3340
Courriel : editions@tresorcache.com
Site Web : www.tresorcache.com

Traduction : Marie-Andrée Gagnon
Infographie : Richard Ouellette Infographiste

Dépôt légal - 2006
Bibliothèque nationale du Québec
Bibliothèque nationale du Canada

Gouvernement du Québec – Programme de crédit d'impôt pour
l'édition de livres – Gestion SODEC

ISBN 2-922405-43-5

Imprimé au Canada

# Le **revers** est le **tremplin** d'un retour en **force**

L'HEURE EST VENUE DE
FAIRE UN RETOUR EN FORCE !

# Willie Jolley

ÉDITIONS
Au trésor caché

*Ce livre est dédié à ma mère, Catherine B. Jolley,*

*pour les années qu'elle a passées à se sacrifier*

*afin que mon frère et moi puissions obtenir une instruction*

*de qualité, ainsi que pour ses encouragements constants*

*dans tous les projets que j'ai entrepris. Dieu est véritablement*

*bon de nous avoir bénis en nous donnant une mère comme toi !*

*Et aussi à mon père, Levi H. Jolley, qui est mort si tôt,*

*mais qui nous a enseigné tant de choses !*

# Changez vos moments de doute et de peur en moments de triomphe

Le revers n'est rien d'autre que le tremplin d'un retour en force ! La sagesse de cette parole peut vous aider à quitter le creux de la vague et vous amener à vous faire surfer sur celle qui vous conduira à la victoire !

• Avez-vous déjà essuyé un revers de fortune ?

• La vie vous a-t-elle déjà pris à contre-pied ?

• Vous êtes-vous déjà fait mettre K.-O. par des temps difficiles ?

Willie Jolley, l'auteur du best-seller de motivation *It Only Takes a Minute to Change Your Life!*, vous inspirera à passer à l'action ! Dans *Le revers est le tremplin d'un retour en force*, Willie présente sa formule « VDAD » (Vision, Décision, Action, Désir) pour relever avec succès les défis continuels de la vie. Il partage ses techniques pour vous rendre maître de votre destinée, en se servant d'anecdotes et d'histoires qui vous encourageront à vous concentrer sur vos rêves et à agir de sorte à les réaliser, en dépit des adversités ! Vous entendrez parler de gens ordinaires qui ont refusé de se laisser démonter par des difficultés et qui ont trouvé des occasions là où on s'y attendrait le moins. Ce livre renferme des remarques humoristiques (« Parfois vous êtes le pare-brise, parfois vous êtes l'insecte ») et des méthodes pratiques (« Vous devez vous défaire de vos pensées négatives ? Faites-y face, retracez-les, effacez-les, remplacez-les ! ») L'emploi des douze stratégies simples de Willie Jolley (telles qu'elles sont décrites dans la formule VDAD) vous permettra de changer vos épreuves en triomphes, vos problèmes en possibilités, et vos revers de fortune en retours en force !

Autre livre de Willie Jolley :
*It Only Takes a Minute to Change Your Life !*

# Remerciements

D'abord, je tiens à remercier mon ami et mon père, mon mentor et mon maître, mon aide et mon espérance, ma lumière et mon Seigneur, mon guide et mon Dieu... Il s'appelle Jésus, et je lui suis si reconnaissant de tout ce qu'il a fait pour moi ! Je remercie ma femme, Dee, qui est non seulement mon épouse et l'amour de ma vie, mais encore ma meilleure amie, en plus d'être une merveilleuse secrétaire de rédaction et partenaire d'affaires. Je tiens également à remercier mes enfants, William et Sherry Latoya, pour l'amour et l'appui qu'ils me témoignent dans toutes mes entreprises. Merci à mon frère Noble, ainsi qu'à sa famille, pour leur foi et leur soutien extraordinaires. Et merci aux membres de ma belle-famille, Rivers père, Rivers fils, Edith et Shirley Taylor, pour leur encouragement et leur soutien.

Je suis très reconnaissant envers tous les gens qui ont contribué à la réalisation du présent livre. Je tiens à remercier tous les gens que j'ai interviewés, tous les gens qui m'ont soumis des histoires et tous les gens dont l'histoire m'a inspiré au fil des ans. Un merci tout spécial à tous mes lecteurs professionnels, Rhonda Davis Smith, David Metcalf, RaeCarol Flynn, Darlene Bryant, ainsi que Brad et Terry Thomas. Merci également à la bibliothèque régionale Chevy Chase, à Washington, DC, de m'avoir permis d'y «camper», pour y travailler dans la paix et la tranquillité.

Merci, merci, merci à tout le monde chez St. Martin's Press. Les éditeurs, l'équipe de vente, les publicitaires et tous les gens du bureau, vous êtes tous formidables ; surtout la personne que je considère être la meilleure éditrice au monde : Jennifer Enderlin. Je dois un grand merci à mon ami et super-agent, Jeff Herman, qui m'a conduit chez St. Martin's Press, et a fait en sorte que les gens du monde entier puissent lire les paroles et les idées de Willie Jolley. Je dois aussi un merci tout spécial à Rick Frishman de Planned Television Arts, pour avoir fait connaître à tant de gens ce gars du nom de Willie Jolley, et de m'avoir présenté à Jeff Herman. Tu es le meilleur !

Je remercie tous mes amis conférenciers qui m'ont apporté un tel soutien et qui ont fait « les frais de mon instruction » en matière de publication : Greg Godek, Mark Victor Hanson, Jack Canfield, Harvey Mackay, Dennis Kimbro, Charlie Jones le Formidable, Dave et David Yoho, George Fraser, Iyanla Van Zant et, bien entendu, mon copain et mentor, Les Brown. De plus, je tiens à remercier tous mes amis de la National Speakers Association (NSA), qui m'ont fait connaître l'industrie de la conférence, ainsi que le pouvoir du don et du partage. Je tiens à remercier aussi tous ceux de la NSA qui sont allés dans les librairies, où ils ont veillé à ce que mes livres soient « bien en vue » et où ils n'ont cessé de dire aux gens : « Achetez ce livre de Willie Jolley ! » Je n'aurais pas pu réussir sans vous. Vous êtes les meilleurs amis du monde !

Finalement, je remercie toutes les stations de radio et de télévision qui m'ont interviewé et qui m'ont permis de communiquer mon message au monde ; en plus de tous les médias qui ont écrit des articles et qui ont publié mes livres, ma musique et mon message. Par ailleurs, je suis si reconnaissant envers tous les gens qui sont venus me voir depuis les quatre coins du pays. Tous les gens qui ont assisté à mes conférences, tous les groupes d'une entreprise auxquels j'ai rendu visite, tous les étudiants des établissements scolaires devant qui j'ai pris la parole, tous les membres de mon Blessed and Highly Favored Club, et tous ceux et celles qui ont acheté mes livres et mes cassettes. J'apprécie chacun de vous. De plus, je remercie les gens qui m'ont abordé dans la rue, qui m'ont envoyé une lettre ou un courriel pour me faire savoir que mes paroles ou ma musique avait fait une différence dans leur vie. Voilà pourquoi je fais ce que je fais. Vos encouragements sont ce qui a alimenté les feux de ma passion. Je vous remercie tous, et puisse Dieu continuer de vous bénir et de vous garder. Je vous aime à la folie !

*Au cours de toute vie, il vient un temps, une minute*

*où l'on doit décider de se lever et de vivre ses rêves,*

*ou de se laisser tomber à la renverse et de vivre ses craintes.*

*Au cours de cette minute de décision, vous devez saisir*

*la vision et vous approprier le pouvoir qui réside au plus*

*profond de vous! C'est alors que vous verrez que vos rêves*

*peuvent vraiment se réaliser et se réaliseront, et que tout est*

*réellement possible... Il suffit d'y croire, tout simplement!*

*Il ne vous faut qu'une minute pour changer votre vie!*

*L'heure est venue de faire de vos revers les tremplins*

*de vos retours en force!*

—WILLIE JOLLEY

# Le revers est le tremplin d'un retour en force

Je n'ai qu'une minute,

Faite de seulement soixante secondes.

Elle m'impose de ne pas la refuser.

Je ne l'ai pas cherchée, ni choisie,

Mais il me revient de l'utiliser.

Je devrai en souffrir si je la perds,

En rendre compte si vous en abusez.

Juste une toute petite minute,

Mais une éternité réside en elle !

—Benjamin Mays

# PRÉFACE

*Dès l'instant où vous prenez une décision et vous passez à
l'action… vous changez votre vie !*
—WILLIE JOLLEY

## Le point de départ

C'était un beau samedi soir de l'automne 1989. Je me rendais au
Newsroom Café, où je devais me produire en spectacle. Je me
sentais merveilleusement bien. Je venais de gagner mon troisième
WAMMIE (la version de Washington, DC, du Grammy) pour le
meilleur chanteur de jazz, et je savais que mes deux spectacles se
donneraient ce soir-là à guichet fermé. Or, en cette magnifique
soirée, les deux auditoires se sont avérés formidables. Plus tard le
soir même, c'est avec grand plaisir que j'ai appris que le propriétaire du club voulait me voir.

Je me suis empressé de me rendre auprès de lui, parce qu'après
une soirée comme celle-là je m'imaginais bien qu'il voudrait aug-
menter mes cachets et prolonger mon contrat. Nous nous sommes
assis, et il m'a dit : « Vous avez été du tonnerre ce soir ! Les spectateurs vous ont beaucoup aimé, et vous vous êtes vraiment bien
débrouillé dernièrement. Vous venez de remporter le prix du meilleur chanteur de jazz et du meilleur interprète, et tout. Vous avez
fait tout ce que nous vous avons demandé, ce qui me rend justement
la tâche difficile. En fait, on a décidé d'apporter un changement.
Vous nous plaisez, vous et votre groupe, mais on a décidé de ré-
duire nos frais, vous savez… diminuer, rajuster, restructurer sur le
plan humain. » (Peu importe comment on appelle ça, ça revient à
la même chose… RENVOYÉ.)

«Alors, on a décidé d'essayer ce nouveau truc qui commence à être à la mode dans d'autres clubs. Ça s'appelle une machine à karaoké. On veut essayer ça pendant à peu près un mois.»

«Un mois? lui ai-je dit. Et mes factures?» (J'ai découvert ce soir-là que personne ne se soucie de vos factures, à part vous et les gens à qui vous devez de l'argent!)

J'étais choqué. J'étais blessé. J'étais renversé. J'étais dévasté! Je n'arrivais pas à croire que j'avais travaillé si dur à bâtir une clientèle pour le club, et qu'on me récompensait en me renvoyant et en me remplaçant par une machine à karaoké. J'avais entendu parler d'autres personnes qui avaient perdu leur emploi, mais je ne m'étais jamais attendu à ce que ça m'arrive. C'était un revers de fortune! Tout un revers de fortune! Par contre, en même temps, cet événement a marqué aussi le début d'un merveilleux retour en force. Un retour en force qui m'a enseigné qu'un revers n'est véritablement que le tremplin d'un retour en force.

## Le point tournant

Dès cet instant, j'ai commencé à changer ma vie. Je suis rentré à la maison et j'ai dit à ma femme que j'en avais plus qu'assez de me faire dire quoi chanter, quoi ne pas chanter, quand chanter, quand ne pas chanter. J'en avais plus qu'assez qu'on contrôle ma destinée. Le jour était venu pour moi de changer ma vie.

J'ai téléphoné à mon groupe pour lui dire ce qui s'était passé et que j'avais décidé d'emprunter une nouvelle direction. Il m'a souhaité bonne chance, mais ce n'est pas sur la chance que je misais; je misais sur moi-même! Je n'étais pas tout à fait sûr de savoir ce que j'allais faire, cependant, j'étais sûr que j'allais changer ma vie et je savais que la chance n'en serait pas le facteur déterminant... mais plutôt moi-même.

J'avais lu quelque part que «la chance se définit réellement comme l'instant où la préparation rencontre l'occasion» et que, «si aucune occasion ne se présente à vous, alors, il faut vous en créer une». J'en avais assez de penser comme un musicien, toujours «à attendre mon coup de veine», à attendre que quelqu'un me découvre et fasse de moi une vedette. J'ai décidé de changer mon mode de pensée, de changer ma façon d'agir et de changer mes résultats. J'ai arrêté «d'attendre des coups de veine» et je me suis mis à «créer mes propres coups de veine».

Je me suis rappelé une citation de Lucille Ball que j'avais lue au sujet de la chance, après qu'elle avait essuyé un revers de fortune tôt dans sa carrière lorsqu'elle s'était fait renvoyer d'un studio cinématographique. Un cadre du studio l'avait licenciée parce qu'il la considérait comme une «actrice sans talent». C'est en essuyant ce revers qu'elle a emprunté de l'argent et qu'elle a créé sa propre émission. Il s'agit de «I Love Lucy», qui a remporté un énorme succès! En fait, son émission est devenue la plus écoutée cette année-là, et l'année suivante, et la suivante et encore la suivante. D'ailleurs, cette émission en est venue à constituer la plus grande émission syndiquée jamais connue, et Lucille Ball en est venue à compter parmi les plus grandes actrices comiques de tous les temps. Or, Lucille Ball avait une citation célèbre au sujet de la chance: «J'ai découvert qu'il est vrai que, plus je travaille dur, plus j'ai de la veine.» Et je ne saurais lui donner davantage raison.

J'ai adopté ce concept, selon lequel il vaut mieux créer ses propres coups de veine que d'attendre après eux. J'ai accepté un emploi de conseiller dans un collège. J'avais pour tâche de parler avec les étudiants qui ne réussissaient pas bien en classe et de les convaincre de ne pas abandonner l'école. C'est alors que j'ai découvert le pouvoir de la motivation. Au terme du trimestre, on m'a offert de travailler pour la commission scolaire de Washington, DC, en tant que coordonnateur des efforts de prévention contre la drogue responsable de parler aux jeunes pour leur conseiller de se tenir loin de la drogue et de l'alcool. J'ai commencé à donner des conférences, et je me suis rendu compte que mes conférences semblaient vraiment inspirer et motiver les gens.

En m'écoutant m'adresser aux jeunes dans les écoles, les professeurs et les directeurs ont commencé à m'inviter à prendre la parole au cours de leurs réunions d'associations. À ces réunions d'associations, on s'est mis à m'inviter à prendre la parole devant des groupes communautaires. Ces conférences m'ont valu de me faire inviter à prendre la parole devant des Églises. Dans les assemblées d'Église, il y avait des gens qui travaillaient pour de grandes sociétés, qui m'ont invité à prendre la parole devant ces sociétés. Puis les gens de ces sociétés ont parlé de moi à leurs amis dans d'autres sociétés et ma carrière de conférencier a commencé à grandir.

C'est alors que Les Brown, The Motivator, m'a entendu parler et chanter dans le cadre d'une émission de Washington, DC, et m'a demandé si j'aimerais faire partie d'une nouvelle tournée qu'il était en train de mettre sur pied avec Gladys Knight appelée, Motivation and Music Tour. Il aimait que je fasse à la fois de la motivation et de la musique, et il s'est dit que je leur servirais d'introduction formidable. C'est ainsi que je suis parti en tournée avec Les et Gladys, ce qui m'a procuré d'autres avantages. Mes conférences ont donné lieu à des émissions de radio et de télévision, puis à des livres et à des disques, et ensuite à des tournées et à des concerts.

Pensez-y un instant… Je pourrais être encore en train de chanter dans une petite boîte de nuit enfumée si on ne m'avait pas renvoyé et remplacé par une machine à karaoké. En fait, il m'arrive d'avoir envie d'y retourner pour serrer dans mes bras le gars qui m'a renvoyé. Il m'a aidé à découvrir de première main qu'un revers n'est que le tremplin d'un retour en force !

## Les revers de fortune

Avez-vous déjà essuyé un revers ? Avez-vous déjà vécu un problème qui vous a mis K.-O. ? Avez-vous déjà vécu une situation pénible ? Avez-vous déjà été déçu ? Vous a-t-on déjà brisé le cœur ? Avez-vous déjà perdu quelque chose ou quelqu'un, après quoi vous ne sembliez pas retrouver votre équilibre ? Vous êtes-vous déjà retrouvé devant un dilemme, qui vous a pris de court et vous a fait perdre vos repères ? Eh bien, si vous répondez par l'affirmative à ces questions, le présent livre vous sera utile.

Il s'agit d'un manuel pratique qui vous explique comment changer vos revers de fortune en retours en force. Comment remporter la victoire en dépit de l'opposition et de l'adversité. Comment changer les citrons de la vie en limonade, les gouttes de pluie en rayons de soleil, et la souffrance en puissance.

Vous êtes-vous déjà demandé comment certaines personnes arrivent à gagner un million de dollars pour le perdre par la suite, à gagner un deuxième million, pour le perdre de nouveau, puis à gagner un troisième million, alors que d'autres n'arrivent pas même à joindre les deux bouts ? Pourquoi est-ce que certaines personnes semblent changer en or tout ce qu'elles touchent ? Comment l'expliquer ? Eh bien, elles connaissent la formule, la recette du succès, et peuvent donc recréer le succès encore et toujours. Elles se butent à des adversités, elles essuient des revers, mais comme elles connaissent la formule du succès elles arrivent continuellement à changer ces revers de fortune en retours en force. Le présent livre vous dit comment changer vos obstacles en occasions, et vos revers de fortune en retours en force.

Il porte également sur le pouvoir que procure le fait de définir les instants qui changent notre vie et sur les moyens de tirer le meilleur parti possible de ces instants. Il ne porte pas simplement sur le pouvoir d'un retour en force, mais encore sur le pouvoir du processus, car il y a du pouvoir dans le processus.

Dans ce livre, vous découvrirez l'enthousiasme que procure le fait de changer les revers, à savoir ces instants de défi et de changement, en instants de victoire. Nous verrons comment arracher la victoire à la mâchoire de la défaite et tirer de l'espoir de situations désespérées. Lorsque vous verrez que la chose est possible, qu'on vous aura montré comment elle s'est concrétisée par le passé et qu'on vous aura dit «comment» y parvenir, vous pourrez vous aussi changer ces temps d'épreuve en temps de victoire, changer vos obstacles en occasions, et changer vos revers de fortune en retours en force.

## La formule VDAD

Ce livre se présente en quatre parties. Une formule à quatre composantes destinée à changer tout revers de fortune en retour en force. Cette formule s'appelle «formule VDAD» et se compose ainsi :

1. Le pouvoir de la vision
2. Le pouvoir de la décision
3. Le pouvoir de l'action
4. Le pouvoir du désir

J'ai pu constater que cette formule permet à coup sûr de changer les revers de fortune en retours en force. De même que d'autres formules fonctionnent à tout coup, ainsi en est-il de celle-ci. Par exemple, si vous mélangez deux parties d'hydrogène avec une partie d'oxygène, vous obtenez de l'eau ; de même, si vous prenez une vision et vous y ajoutez décision, action et désir, vous pouvez changer, et changerez, vos revers de fortune en retours en force.

La formule VDAD en quatre parties contient neuf étapes ou TIPS (qui correspondent à des techniques, des idées, des principes et des stratégies de réussite) répartis sur neuf chapitres. Ces chapitres sont conçus dans le but de vous faire savoir comment certaines personnes sont parvenues à changer leurs revers de fortune en retours en force et comment vous y prendre pour y parvenir vous aussi. Ils renferment des idées, des exemples et des histoires qui vous indiqueront en détail comment changer vos revers de fortune en retours en force. Des histoires de gens célèbres et pas si célèbres, mais des gens qui ont connu des résultats extraordinaires, en se servant d'outils et de techniques particulières qui ont eu pour effet de changer leur vie du tout au tout. Des techniques que vous pouvez employer vous aussi pour changer vos revers de fortune en retours en force.

Ces neuf étapes vous fourniront un plan très détaillé qui vous guidera avec efficacité tout au long du processus consistant à changer vos revers de fortune en retours en force. Et ces neuf étapes fonctionnent, quel que soit le revers en question.

Voici ces étapes :

1. La perspective : Comment percevez-vous la situation ? Est-ce un revers ou le tremplin d'un retour en force ?
2. Reconnaître que c'est la vie : Ne vous sentez pas visé.
3. Se concentrer sur l'objectif : Si le rêve est assez grand, les problèmes ne compteront pas !
4. Prendre des décisions : Vous essuyez un revers de fortune, qu'allez-vous y faire ?
5. Ne pas paniquer : Décidez de garder votre sang-froid et de rester positif !
6. Passer à l'action : Agissez avec ténacité et détermination.
7. Se responsabiliser : Faites face, retracez, effacez, remplacez !
8. Avoir la foi ! Vous êtes béni et très privilégié !
9. Se rappeler que tout est bien ! Soyez reconnaissant et adoptez une attitude qui attestera votre gratitude !

Dans chaque chapitre, je vous donnerai des points précis qui s'appellent «Points à retenir». Il s'agit d'éléments importants susceptibles de vous amener à faire des prises de conscience et à faire toute la différence dans vos retours en force. J'ai pu me rendre compte que la vie nous procure souvent des «Points à retenir», mais qui échappent à notre attention dans le tourbillon de nos activités et des renseignements dont nous sommes bombardés. Il en est de même dans le présent livre ; il renferme beaucoup de renseignements et d'autres choses qui sont susceptibles de capter votre attention, mais je ne voudrais pas que vous passiez à côté de ces points en particulier. Ils ont eu une incidence tellement positive sur moi que j'ai trouvé important de vous les signaler. De plus, comme il se peut que vous tombiez sur d'autres points qui vous parleront et qui vous toucheront, j'ai prévu des espaces vides à la fin de chaque chapitre où vous pourrez prendre des notes et mettre par écrit vos propres prises de conscience.

Par la rédaction du présent livre, je poursuis quelques objectifs précis. Mon premier objectif consiste à inspirer les gens, car nous avons tous besoin d'inspiration. Beaucoup de gens croient que le mot «inspiration» signifie «ce qui est religieux», mais cela n'est pas tout à fait exact. La plupart des informations d'ordre religieux sont inspirantes, mais les informations inspirantes ne sont pas forcément d'ordre religieux. Commençons donc par définir l'inspiration.

L'inspiration est «un nouveau souffle». En voici un bon exemple : si vous entendiez dire aux actualités que Jean Doyen a expiré à 10 h 02, vous sauriez que le souffle de vie l'a quitté à 10 h 02. Eh bien, inspirer est l'opposé d'expirer, en ce sens que le souffle de vie revient. Inspirer signifie donc insuffler «un nouveau souffle» à d'autres. J'ai pu me rendre compte que beaucoup de gens sont découragés et déprimés parce que la vie leur en a fait tellement voir qu'ils se sentent vaincus. Pourtant, lorsqu'ils sont inspirés, une nouvelle vitalité et une nouvelle énergie s'emparent d'eux.

Il nous arrive à tous, un jour ou l'autre, d'avoir besoin d'inspiration. Je suis d'avis que nous devrions toujours être en quête d'inspiration. Si nous la recherchons, nous la trouvons habituellement. Certains la trouvent dans la musique ou dans la peinture, ou en contemplant une scène magnifique, comme un coucher de soleil. Où qu'elle se trouve, nous devrions toujours rechercher l'inspiration, car en elle nous trouvons le renouveau et le rafraîchissement.

L'auteur et conférencier Wayne Dyer dit qu'on devrait essayer de se renouveler chaque jour, au même titre qu'on se lave et qu'on renouvelle son être extérieur (son corps) chaque jour. On devrait aussi laver, nourrir et renouveler son être intérieur chaque jour. On doit intégrer l'inspiration à sa routine quotidienne ; sans quoi, son être spirituel souffrira de malnutrition et risquera de devenir incohérent.

Pensez à ce qui arrive à la plupart des gens lorsqu'ils se réveillent le matin ; ils allument la télé et entendent parler de toutes sortes de meurtres, d'incendies, de tremblements de terre et de tragédies, et du piètre état dans lequel se trouve l'économie (même quand elle se porte bien, il y a toujours des gens pour prédire des malheurs). Voilà comment débute leur journée. Non, vous avez besoin d'inspiration.

Je sais quelle importance j'accorde à l'inspiration. Je veille chaque jour à lire et à écouter des informations positives et inspirantes. Au réveil, je prends le temps de prier et de méditer, et de lire ou d'écouter quelque chose de positif, car les statistiques ont démontré que, si vous lisez ou vous écoutez quelque chose de positif au cours des vingt premières minutes de votre journée, votre productivité s'en trouvera considérablement accrue. Pourquoi en est-il ainsi ?

Si au réveil, ce matin, le temps avait été à la pluie et au froid, qu'est-ce que votre corps vous aurait normalement donné envie de faire ? Bien sûr, retourner vous coucher ! Par contre, si au réveil le soleil brille, les oiseaux chantent et il fait un temps magnifique, vous aurez plus envie de vous lever et de profiter de la journée, afin de ne pas en perdre une seule minute.

Il en va de même pour votre psychisme. Si au réveil vous entendez dire combien les choses vont mal et combien de choses négatives se sont produites au cours de la nuit, cela aura pour effet de créer un nuage au-dessus de vous et ce sera sans entrain que vous entamerez votre journée. Mais les choses seront bien différentes si au réveil vous lisez quelque chose de positif, comme «Le lion et la gazelle», qui se lit comme suit :

*Chaque matin en Afrique, une gazelle se réveille*
*et sait qu'elle devra courir plus vite que le plus rapide*
*des lions, sans quoi elle se fera tuer et dévorer.*
*Aussi, chaque matin en Afrique, un lion se réveille*
*et sait qu'il devra courir plus vite que la plus lente des*
*gazelles, sans quoi il crèvera de faim.*
*Peu importe que vous soyez un lion ou une gazelle...*
*Lorsque le soleil se lève, vous avez intérêt à vous mettre*
*à courir.*

Ou encore, vous pourriez vous lever, lire un passage des Écritures et proclamer quelque chose comme ce verset biblique : «Voici le jour que Dieu nous a fait, qu'il soit pour nous un sujet de joie!»

Peu importe ce que vous faites, prenez l'habitude de commencer votre journée par ce qui est positif, puissant et inspirant. Pour commencer votre journée de manière positive, commencez-la avec une nouvelle perspective, une nouvelle attitude et un nouvel enthousiasme. Le fait d'être en vie doit vous enthousiasmer, ce qui vous poussera à tenter plus de choses. Si vous tentez plus de choses, vous serez plus enclin à accomplir plus de choses. Choisissez de vous programmer, plutôt que de laisser les gens négatifs vous programmer. Choisissez de gagner!

Si vous êtes inspiré, vous pourrez alors communiquer votre inspiration à vos amis et à vos proches. Pendant plusieurs années, quand je chantais pour gagner ma vie, je ne cherchais pas à inspirer les gens, je souhaitais simplement les impressionner. Je chantais fort et j'écoutais mes spectateurs exprimer leur admiration, et j'étais heureux de les avoir impressionnés. Mais quand je suis devenu conférencier, j'ai traversé des temps vraiment pénibles, qui m'ont aidé à prendre conscience que je n'étais pas là simplement pour impressionner, mais, plus important encore, pour inspirer. Une fois que j'ai eu changé mon centre d'intérêt et que je me suis engagé à inspirer, au lieu d'impressionner, des choses formidables se sont mises à se produire dans ma vie et dans ma carrière. J'ai découvert ce que sont le service et le partage. Cavett Robert, le plus grand des conférenciers spécialisés en motivation, a dit: «Le service est le loyer que nous payons pour la place que nous occupons sur la terre!» Quant à Jim Rohn, le grand philosophe spécialisé en motivation, il a dit: «Servir beaucoup de gens conduit à la grandeur.» Pour terminer, Jésus-Christ, le charpentier de Galilée, a enseigné que ceux qui sont les plus grands sont ceux qui se font les serviteurs de beaucoup d'autres. Le service et le partage de l'inspiration sont beaucoup plus importants que de se faire servir et que d'impressionner les autres.

Par la suite, je souhaite vous fournir de l'information. «L'information, c'est le pouvoir», comme le dit l'adage. Afin de vraiment avoir du pouvoir et de vraiment faire une différence, vous devez posséder quelques «techniques», des moyens précis d'employer l'information que vous recevez. Si je vous fait part de mes informations et de mes techniques, comme d'autres m'en ont fait part, et que vous en faites part à votre tour à d'autres, qui en feront part eux aussi à d'autres, alors nous pourrons créer un réseau de gens qui ne craindront pas d'essuyer des revers. Ils auront une bonne compréhension de ces revers de fortune, et auront l'assurance qu'ils grandiront grâce à eux, et s'en serviront pour se propulser vers la réussite qui les attend. La clé de la réussite réside dans notre disposition à faire part de nos informations (et il est impossible de faire part de ce qu'on n'a pas, et de montrer ce qu'on ne connaît pas). Voilà pourquoi je juge important de vous faire part des leçons que j'ai tirées de mes erreurs ainsi que de mes réussites, de mes souffrances ainsi que de mes sujets de joie.

À mes débuts dans le monde de la musique, je suis allé écouter la grande chanteuse de blues Mary Jefferson. Elle était incroyable! Après son spectacle, je lui ai dit que j'étais chanteur de jazz, mais que je voulais aussi apprendre à chanter le blues comme elle le chantait. Elle m'a souri et m'a dit: «Mon p'tit, je peux t'enseigner les notes et les paroles, mais ça ne fera pas de toi un chanteur de blues. Tu vois, mon p'tit, tu dois souffrir pour chanter le blues!»

J'ai toujours retenu cette leçon. J'ai pris conscience qu'il est bon pour les gens d'entendre parler de mes réalisations, mais qu'ils profiteront davantage d'entendre parler de mes luttes et de la manière dont je m'y suis pris pour les surmonter. Nous pouvons rendre service en racontant nos réussites, mais nous pouvons rendre encore plus service en racontant nos souffrances et comment nous sommes parvenus à traverser les tempêtes de la vie.

Pour conclure le présent livre, j'ai tenu à vous faire part de ma philosophie personnelle, qui comprend mes perspectives théologiques. Après avoir terminé l'université, j'éprouvais un grand «désir d'inspirer», ce qui fait que je suis allé étudier dans un séminaire théologique, étant donné que tous les gens que je connaissais qui œuvraient à inspirer étaient prédicateurs. Mais après l'avoir fréquenté pendant trois ans et en avoir obtenu un diplôme, j'en suis venu à réaliser que je n'avais pas reçu l'appel à prêcher. J'en ai été vraiment déconcerté. Je savais avoir en moi le désir d'inspirer, mais je n'avais pas reçu l'appel à prêcher. Je ne savais plus quoi faire.

C'était vraiment difficile, parce que personne, pas même moi, ne pouvait comprendre pourquoi j'avais passé toutes ces années à l'université et au séminaire, sans même devenir prédicateur. Quand j'ai terminé mes études au séminaire, on m'a offert de diriger une Église, mais je ne pouvais pas accepter cette offre parce que je crois que l'appel à être prédicateur est un appel sacré qui vient de Dieu et auquel il faut répondre avec le plus grand sérieux. Si je n'entendais pas l'appel, je savais devoir refuser ce poste, ce qui m'a amené à poursuivre mon autre amour, le divertissement.

Je suis devenu chanteur de couplets publicitaires et je me suis mis à donner des spectacles dans les boîtes de nuit (tout un changement, n'est-ce pas?), et j'ai connu un certain succès dans le monde de la musique. J'ai chanté beaucoup de couplets publicitaires et j'ai reçu cinq Washington Area Music Awards consécutifs. Trois pour le meilleur chanteur de jazz et deux pour le meilleur chanteur inspirant. Je me produisais tous les soirs dans des salles où des spectateurs n'avaient plus de place où s'asseoir et je connaissais un succès assez considérable. Cela, jusqu'à ce que j'essuie mon revers du karaoké. Un revers qui a changé ma vie et qui m'a aidé à accomplir mon destin!

C'est après ce revers de fortune que j'ai accepté un poste à la commission scolaire de Washington, DC, en tant que coordonnateur des efforts de prévention contre la drogue responsable de parler aux jeunes pour leur conseiller de se tenir loin de la drogue. C'est au cours de cette année-là que je me suis découvert une «voix de conférencier» et la capacité d'amalgamer motivation, inspiration et divertissement. Dès lors, j'ai créé un concept appelé

«InspirTainment» (Divertir par l'inspiration) et j'ai proposé Inspir-
Tainment à des jeunes, puis à des étudiants d'université et à des
sociétés, ensuite à des gens partout aux États-Unis et puis aux
quatre coins du monde. Le présent livre vous dévoilera en partie ma
philosophie InspirTainment, ce qui m'inspire, ce qui me motive,
mes idées théologiques, et j'espère vous divertir chemin faisant.

Je tiens aussi à indiquer clairement que je parlerai de ma foi,
car je crois que la foi est un ingrédient important de la réussite et
nous aide considérablement à relever des défis avec succès. Je me
rappelle quand mon premier livre est sorti, un de mes amis avocat
m'a dit : «J'aime ton livre, mais je suis un peu confus. Je croyais
que c'était un livre portant sur la réussite, puis tu t'es mis à dire
dans ton livre que tu passais ton temps à parler à Dieu. Je ne
comprends pas ce que Dieu a à voir dans la réussite.» En réponse,
je lui ai écrit : «Il s'agit bien d'un livre portant sur la réussite,
c'est pour ça que j'y ai fait part de ma philosophie sur la réussite, car je crois que ma foi et ma réussite sont inséparables. Je
ne peux pas avoir l'un sans l'autre. Ce serait comme séparer le
mouillé de l'eau, le chaud du feu. Ma foi et ma réussite ne peuvent être séparées !»

Tout au long du livre, je vous ferai part de perles que j'ai
trouvées dans la Bible, qui ont trait directement à la réussite et aux
moyens de surmonter des obstacles. Je crois fermement que la
Bible est un des manuels de réussite parmi les plus grands jamais
écrits. Elle fournit des stratégies et des techniques de réussite
incroyables, ainsi qu'une formule de réussite et une formule permettant de changer des revers de fortune en puissants retours en
force. De plus, selon un sondage Gallup, il s'agit du livre le plus
lu et le plus vendu de tous les temps. Selon une récente étude rap-
portée dans le *USA Today,* la Bible est une source d'inspiration et
d'information pour la plupart des grandes histoires de réussite
d'aujourd'hui. J'ai moi-même trouvé dans la Bible beaucoup de
réponses à mes revers de fortune et elle m'a fourni de merveilleux
exemples de moyens pour changer des revers de fortune en retours
en force.

Bref, le présent livre porte donc sur la résolution de problèmes, la pensée créative, la motivation, le leadership et la foi.

# INTRODUCTION

## Il ne faut qu'une minute... pour changer un revers de fortune en retour en force !

Au cours d'une conversation, mon ami et auteur à succès Dennis Kimbro et moi déplorions de voir des gens ayant essuyé des revers de fortune se faire mettre K.-O. et baisser tout simplement les bras. À cette occasion, Dennis m'a dit : « Willie, nous devons aider les gens à voir qu'un revers n'est pas un cul-de-sac, mais plutôt comme un retour en force qui attend de se produire ! »

« Tu as raison. C'est comme le tremplin d'un retour en force. »

« Ouais ! »

« Ouais ! Ça alors ! C'est ça, Dennis... un revers, c'est en réalité le tremplin d'un retour en force. »

Je crois que vous devez acquérir une nouvelle perception des revers de fortune. Nous devons percevoir le revers comme quelque chose à épouser plutôt qu'à rejeter, car sans revers de fortune il ne pourrait y avoir de retour en force. Si vous souhaitez faire un retour en force, vous devez avoir quelque chose duquel revenir ; autrement dit, les revers sont préalablement nécessaires aux retours en force. L'adversité fait également partie de l'équation. L'adversité et les défis sont les moyens par lesquels la vie donne de la force. L'adversité crée un défi, et le défi crée un changement, et le changement est absolument nécessaire à la croissance. Sans changement et sans défi, il ne saurait y avoir de croissance et de développement.

Pourtant, la plupart des gens redoutent l'adversité et le changement. Quelqu'un m'a dit que la seule chose qui aime le changement, c'est un bébé à la couche mouillée, mais le changement est absolument nécessaire à la croissance. Les gens qui connaissent la réussite non seulement épousent le changement, mais encore ils font tout leur possible pour le créer et le concrétiser! Ils comprennent que le changement est un élément essentiel de la réussite et que pour grandir, on doit être disposé à changer.

Le changement fait nécessairement partie de la vie et de notre existence. Toutefois, le changement met mal à l'aise. Nous nous habituons tous à ce que les choses soient d'une certaine manière, et lorsqu'elles changent nous devons nous réorganiser et nous adapter, ce qui crée un malaise en nous. Le passage de l'enfance à l'adolescence occasionne des changements qui nous mettent mal à l'aise. Le passage de l'adolescence à l'âge adulte occasionne des changements qui nous mettent mal à l'aise. Chaque saison de la vie nous fait vivre des changements, qui créent un malaise en nous. Voilà pourquoi nous les qualifions de «douleurs de croissance».

Il se peut que nous vivions des changements au cours de notre carrière, en décrochant un nouvel emploi, ce qui signifie que nous devrons nous adapter. Ou il se peut que nous perdions un emploi, ou bien que nous connaissions un revers au travail, ou encore que l'emploi de nos rêves nous file entre les doigts. Cela nous mettra mal à l'aise. Il se peut que nous vivions un changement dans nos relations, en raison d'une rupture, d'un divorce ou de la mort d'un être cher. Il se peut que nous vivions un changement dans notre vie personnelle, dans notre situation financière, dans notre santé, ou au sein de notre famille ou de notre cercle d'amis. Le changement peut se présenter sous différentes formes, qui susciteront pour la plupart un malaise. Mais une chose est certaine: il ne manquera pas de se produire, et nous devrons grandir en en tirant des leçons. En fait, le changement est absolument nécessaire à la croissance. Et les revers de fortune font partie du processus de changement et de croissance.

Toute personne ayant connu une certaine réussite dans la vie a forcément déjà essuyé un revers de fortune. Qu'il s'agisse de Thomas Edison, de Walt Disney, de George Washington Carver, de Michael Jordan, de Steven Spielberg, d'Oprah Winfrey ou de toute autre personne connaissant la réussite. Ils ont tous dû essuyer des revers. Ils ont en commun ces éléments : Vision (un grand rêve), Décision (la volonté de prendre des décisions difficiles), Action (la capacité d'agir avec détermination en fonction de leur rêve) et Désir (l'engagement à avancer jusqu'à atteindre leur objectif).

Une de ces personnes que je préfère, c'est Monsieur Seuss, qui s'est fait fermer la porte au nez par presque tous les éditeurs du pays. Un seul éditeur a cru en lui, mais c'est tout ce dont il avait besoin, et il en est venu à connaître un succès immense.

Mes amis, les revers font partie de la réussite, une partie importante, et les revers ne sont que des retours en force qui attendent de se produire.

## Qu'est-ce qu'un revers ? (et ce qu'il n'est pas !)

Le *Larousse* définit le *revers* comme « un événement malheureux qui transforme une situation, échec, épreuve ». Avez-vous remarqué que les mots « mort », « fin » et « terminé » n'y figurent pas ? Cela indique que le revers de fortune n'est pas une fin en soi ! Cela, l'auteur John Capozzi l'a d'ailleurs attesté en disant : « Un tournant, ou un virage dans la route, ne constitue pas la fin de la route... à moins que vous négligiez de le prendre ! »

En réalité, ce n'est pas la fin. Il s'agit d'une situation temporaire qui peut être renversée. Ce n'est pas la mort ! La mort, c'est la mort, et un revers est un revers. Ce n'est pas la même chose.

Il peut arriver qu'une personne vive un revers et semble en être morte. Il se peut qu'elle soit au seuil de la mort, ou sur le point d'abandonner la partie et de déclarer que tout est terminé, mais tant qu'il restera une lueur d'espoir, il y aura la possibilité de renverser la solution et de faire un retour en force.

Tina Turner en est un exemple formidable. Après avoir subi des sévices de la part de son mari pendant des années, elle a fini par décider de le quitter. Elle a disparu de la scène publique et a tenté de décrocher un contrat de disque aux États-Unis, mais s'est fait refuser par de nombreuses maisons et s'est fait dire qu'elle était finie. N'en croyant rien, Tina Turner a résolu de revenir plus forte que jamais. Elle est allée en Europe, où elle a enregistré une chanson intitulée *Let's Stay Together,* qui est devenue un tube. Elle est ensuite rentrée en Amérique, où elle a enregistré un album intitulé *What's Love Got To Do With It,* qui a remporté un immense succès. Par la suite, elle s'est hissée au rang des artistes de concert féminins qui génèrent les plus grandes recettes brutes dans le monde entier. Ce faisant, elle a prouvé qu'un revers n'est que le tremplin d'un retour en force.

John Travolta nous fournit un autre exemple de jeune personne ayant réussi à revenir en force. Après avoir connu le succès dans l'émission de télévision *Welcome Back Mr. Kotter*, il a dérivé en jouant dans quelques autres émissions, qui n'ont pas connu le succès. Puis il a joué dans quelques navets, pour ensuite disparaître complètement de la scène. Beaucoup de gens ont cru alors qu'il était fini, au bout du rouleau, mais *il* n'était pas de cet avis. Il a décidé de faire un retour en force, en commençant par un film intitulé *Pulp Fiction.* Ce film a fait un malheur, et Travolta n'a cessé par la suite d'enchaîner les films à succès. Il en est venu à compter parmi les acteurs d'Hollywood ayant les plus gros cachets. Le revers n'est que le tremplin d'un retour en force.

Lee Iococca s'est fait licencier par Ford, qui le comptait pour mort. Le seul emploi qu'il a réussi à décrocher, c'était chez Chrysler Motors, qui était alors au bord de la faillite. Pourtant, Iococca a changé son revers de fortune en retour en force incroyable, en se transformant non seulement lui-même, mais encore en transformant la société Chrysler et en la ramenant à la vie.

Lee Iococca, John Travolta et Tina Turner ont compris qu'à l'instar des Phoenix, qui renaissent de leurs cendres, tant qu'il y a une lueur d'espoir et une étincelle de vie, il est possible de revenir en force.

Examinons maintenant le terme *retour en force*. Le retour en force peut se définir comme le retour à une position ou à un état antérieur ; une convalescence, une reprise, une réfutation, une réponse, une réaction, un regain, une riposte. Il s'agit d'apprendre à changer vos modes d'action et vos réactions de manière à faire continuellement de vos revers les tremplins de vos retours en force. Nous devons apprendre à voir l'adversité comme quelque chose qui développe la force et le revers comme quelque chose qui crée un retour en force.

## L'adversité

*Si la prospérité dévoile le mieux le vice, l'adversité dévoile le mieux la vertu, et la vertu qui résulte de l'adversité, c'est la force d'âme. Les bonnes choses qui appartiennent à la prospérité doivent être espérées, mais les bonnes choses qui appartiennent à l'adversité doivent être admirées. Par conséquent, nul ne peut connaître sa propre force à moins d'avoir fait face à l'adversité.*

—SIR FRANCIS BACON

*Sans hiver, le printemps ne serait pas si agréable. Sans adversité, nous n'accueillerions pas la prospérité avec autant de bonheur.*

—ANNE BRADSTREET

*L'adversité peut soit vous faire, soit vous défaire. Le même marteau qui casse le verre façonne aussi l'acier.*

—BOB JOHNSON,
président de Black Entertainment Television

*Le bon bois d'œuvre ne pousse pas facilement ; plus fort est le vent, plus forts sont les arbres.*

—J. WILLARD MARRIOTT

*Si tu te laisses abattre au jour de l'adversité, ta force est bien peu de chose.*

—Proverbes 24.10 (*Semeur*)

Tous ceux qui vont de l'avant dans la vie essuieront forcément des revers. Les seuls pour qui ce n'est pas le cas sont les morts ou les gens qui ont baissé les bras. Tant que vous vivrez, que vous vous lèverez le matin et que vous vous efforcerez de faire quelque chose de votre vie, vous essuierez des revers de fortune. En fin de compte, la différence entre les gagnants et les perdants, et la clé d'une réussite à long terme n'ont rien à voir avec le talent ou la compétence, la chance ou les coups de veine, mais tout à voir avec la manière dont vous percevez les revers et l'adversité, et dont vous y faites face. Il y a d'autres choses qui peuvent y jouer un rôle, mais la clé de la réussite réside dans la manière dont vous composerez avec les revers, car personne n'y échappe. Les perdants voient les revers de fortune comme un cul-de-sac, alors que les gagnants les voient comme un virage à négocier. Voilà ce qui fait toute la différence, en fin de compte, entre ceux qui gagnent et ceux qui perdent.

> *Il vaut tellement mieux oser de grandes choses, remporter des victoires glorieuses, même en goûtant à l'échec, que de joindre les rangs des petits esprits qui ne connaissent ni joies véritables ni souffrances véritables, parce qu'ils vivent en zone grise où il n'y a ni victoire ni défaite. La joie de vivre appartient à celui qui a le cœur de l'exiger.*
>
> —Theodore Roosevelt

Dans son livre intitulé *Adversity Quotient,* le Dr Paul Stoltz dit qu'il existe trois quotients de mesure, ou prédicateurs standards, qui influent sur notre réussite. Il y a le QI, soit le quotient intellectuel, le QE, soit le quotient émotionnel, et le QA, soit le quotient d'adversité. Pendant de nombreuses années, la plupart des scientifiques et des éducateurs ont cru que le QI constituait le prédicateur de réussite principal. Ils pensaient que, si vous aviez un QI élevé, vous étiez forcément destiné à réussir dans la vie. Puis est entré en scène Ted Kaczynski, le «Unabomber», qui était un véritable génie, mais qui n'avait aucune aptitude sociale et qui ne pouvait supporter les pressions de la vie, si bien qu'il est devenu un plastiqueur fou furieux.

Nous avons tous vu des gens intelligents faire un mauvais usage de leur intelligence et, par conséquent, ne jamais exploiter leur potentiel comme il se doit, ou qui n'ont pas su relever les défis de la vie et ont abandonné la partie, dont certains ont fini dans la rue à mendier. L'intelligence ne garantit pas à elle seule la réussite.

Daniel Goldman a écrit dans son livre intitulé *Emotional Intelligence* que l'intelligence ne suffit pas à garantir la réussite, il faut encore posséder un QE élevé. Goldman définit le QE comme cette mesure hypothétique qui reflète l'aptitude qu'a quelqu'un de travailler et de sympathiser avec les autres, de contrôler ses impulsions, de prendre de bonnes décisions et d'avoir une très bonne estime de soi. Il déclare qu'on peut faire preuve d'intelligence de plus d'une manière. Les gens dotés d'un QE élevé ont tendance à exceller dans la vraie vie sur le plan des relations, du rendement au travail, des promotions et des activités communautaires. Goldman démontre que beaucoup de gens dotés d'un QI élevé connaissent l'échec, alors que leurs homologues qui ont un QI modéré connaissent la réussite. Autrement dit, le QI peut vous aider à décrocher un emploi, mais le QE vous aidera à le garder et à y exceller.

Par contre, le quotient d'adversité est le plus récent des prédicateurs de réussite. Selon ce concept, le QI est formidable et le QE est merveilleux, mais c'est le QA, à savoir la manière dont vous composez avec l'adversité, qui déterminera véritablement votre réussite. Stoltz dit que tout le monde naît avec le désir fondamental de grandir et d'aller plus haut, comme s'il escaladait une montagne. En escaladant la montagne, on remarquera que les réalisations ne sont pas uniformes; il y aura moins de gens (et de sociétés) au sommet qu'au pied. Il explique cela par le QA.

Le QA est le degré d'adversité qu'une personne est conditionnée à supporter afin d'escalader la montagne et d'atteindre ses objectifs. Il dit aussi qu'il existe trois groupes et trois niveaux de QA. Il y a d'abord les «dégonflés», ceux qui renoncent à leur escalade lorsque les choses se corsent et qui baissent tout simplement les bras. Puis il y a les «campeurs». Il s'agit des gens qui commencent à escalader la montagne jusqu'à atteindre un endroit confortable, où ils établissent leur campement, et en viennent à y élire domicile. Les campeurs sont enclins à percevoir le changement comme un problème, plutôt que comme une occasion.

Le dernier groupe est celui des «alpinistes». Les alpinistes sont ceux qui sont déterminés à atteindre leur but, ainsi qu'à vivre leur rêve et à devenir tout ce qu'ils peuvent être. Ils comprennent que la réussite n'est pas une destination, mais un voyage… un processus. S'il leur arrive de perdre pied au cours de leur ascension, ils se relèvent et continuent de monter toujours plus haut. Les alpinistes sont des gens rompus à la pensée positive, aussi bien qu'à l'action positive. Ils ne cessent de progresser en dépit des obstacles. Ils perçoivent les obstacles et les revers de fortune comme des inconvénients, mais comme faisant partie tout naturellement du processus. Ils sont prêts à faire face aux problèmes afin d'atteindre leur but. Les campeurs et les alpinistes doivent se rencontrer au même endroit à l'heure de l'épreuve. Les campeurs perçoivent le campement comme un lieu de résidence, alors que les alpinistes le perçoivent comme une base, un lieu où faire temporairement une halte avant de reprendre leur ascension.

Stoltz dit que les campeurs qui restent trop longtemps au campement se mettront à s'atrophier et à perdre leur capacité de grimper, et deviendront de plus en plus lents et de plus en plus faibles avec le temps. Les alpinistes, quant à eux, ne cessent de gagner en force parce qu'ils continuent de grimper. Ils tirent des leçons de leurs défis et en viennent à réaliser que l'adversité génère véritablement de la force. Ils cultivent leur force en persévérant dans leur ascension en dépit de l'adversité et tendent par consé-quent à être d'excellents leaders, comme Mohandas Gandhi, Martin Luther King, fils, Winston Churchill, Franklin D. Roosevelt et Nel-son Mandela. Les alpinistes sont des gens disposés à grimper et à se battre, quels que soient les obstacles.

Dans son livre intitulé *The Courage to Fail,* l'auteur Art Mortell parle du fait qu'il y a plus de leçons à tirer de nos échecs que de nos réussites. M. Mortell nous y indique que tous les gens qui connaissent la réussite réalisent que l'échec fait partie de la réussite. Il écrit d'ailleurs : « Sans adversité, il ne saurait y avoir de croissance. L'adversité met au défi d'accélérer le développement de notre plus grand potentiel. L'adversité et l'échec peuvent en fait devenir le catalyseur de la réussite. » Nous devons êtres dis-posés à relever les défis en en tirant des leçons. Nous devons êtres disposés à nous battre, afin de vraiment réussir !

## Le vol... réside dans le combat !

Il y avait un petit garçon qui, en train de marcher dans la forêt, tomba sur le cocon d'un paon de nuit. Il le ramena chez lui, afin de voir le paon en sortir. Puis il resta assis là pendant des heures à observer le paon de nuit en train de se démener pour s'extirper du cocon par le petit orifice. Le paon se démenait terriblement et semblait avoir vraiment beaucoup de difficulté, si bien que le petit garçon décida de lui faciliter la tâche. Il sortit son couteau de poche et pratiqua une fente dans le cocon, pour permettre au petit papillon d'en sortir et l'aider à prendre son envol. Lorsque le papillon apparut, il n'avait cependant pas l'air d'un papillon ordinaire. Il avait le corps tout enflé et de petites ailes toutes racornies.

Contrarié et confus, le petit garçon alla chercher son grand-père au pas de course pour qu'il vienne voir le papillon à l'allure étrange. Il raconta à son grand-père qu'il avait voulu rendre la tâche plus facile au papillon qui se débattait en faisant un trou dans le cocon, et que le papillon en était sorti, mais qu'il était incapable de voler. Dans sa sagesse, le grand-père prit alors le garçon par la main et lui expliqua qu'en luttant pour sortir du cocon par le petit trou le papillon force en réalité son fluide corporel à se rendre dans ses ailes. Sans cette lutte, ses ailes ne pouvaient pas croître. Sans cette lutte, les ailes du papillon n'acquerraient jamais la force nécessaire pour voler, et s'il ne volait pas le papillon ne parviendrait probablement pas à survivre. Mes amis, la morale de cette histoire, c'est que le vol et la vie résident dans le combat. Sans défis ni luttes, nous ne grandirions jamais et nous n'en viendrions jamais à exploiter notre plein potentiel. La vie réside vraiment dans le combat !

J'étais sorti tôt un matin pour faire mon jogging quand je me retrouvai aux côtés d'un homme plus âgé que j'avais déjà vu. Je lui dis : « Bonjour ! », et il me rendit ma salutation. Il me demanda comment j'allais, et je lui déclarai : « Ces exercices matinaux sont un combat », ce à quoi il répondit : « Oui, en effet, mais tout ce qui est bon s'obtient au prix d'un combat ! »

En reprenant ensuite mon rythme de course normal, je me dis à moi-même : « C'est bien vrai ! Toute bonne chose que j'ai eue dans la vie, je l'ai obtenue au prix d'un certain combat. J'ai dû me démener pour décrocher un contrat d'enregistrement de mon disque quand j'étais adolescent. J'ai dû me démener pour survivre durant mes études universitaires, en chantant des couplets publicitaires et dans les boîtes de nuit. Lorsque je suis devenu conférencier, j'ai dû me démener pour démarrer ma société. J'ai dû me démener pour bâtir ma société. J'ai eu différents types de combats à mener, mais chacune de mes réussites résulte d'un combat ! »

Nido Qubein, le grand conférencier, auteur et philanthrope, a dit : « L'abondance croît dans l'adversité et le combat. »

Il en va de même pour nous, car nous devons relever des défis pour grandir. Nous vivons à une époque où les gens font de l'exercice et du conditionnement physique comme jamais auparavant. Le nombre et la présence de membres dans les gymnases sont en constante augmentation. Ceux qui font des poids et haltères et de la musculation savent qu'il existe une corrélation bien précise entre la taille des poids, d'une part, et la taille et la force des muscles, d'autre part ; plus les poids sont lourds, plus les muscles seront gros. Il en va de même pour l'adversité. Les petits défis créent de petits muscles, alors que les grands défis créent de gros muscles. Pour grandir, nous devons donc être disposés à faire face à l'adversité.

Première partie

# LE POUVOIR DE LA VISION

# ÉTAPE 1

## La perspective : Vérifiez votre vision... Que voyez-vous ? Parce que ce que vous voyez, c'est ce que vous obtenez !

*Y a-t-il pire que la cécité ? Oui ! La vue...*
*mais dénuée de vision !*
—HELEN KELLER

*L'homme n'est limité que par l'audace de son imagination !*
—AUTERE

*Il n'y a plus de vision, le peuple est sans frein.*
—PROVERBES 29.18 (*TOB*)

### La vision !

*La médiocrité est un lieu qui est délimité au nord par les compromis, au sud par l'indécision, à l'est par les pensées attachées au passé et à l'ouest par le manque de vision.*
—JOHN MASON

Dans votre ascension vers la réussite, dans le changement de votre vie et dans la transformation de vos revers de fortune en retours en force, tout commence par la vision. Pour faire d'un revers le tremplin de votre retour en force, vous devez avoir de la vision ! Vous devez poursuivre un but et garder les yeux fixés sur lui. La vision est le premier pas à franchir pour faire de votre revers le tremplin d'un retour en force. D'abord, vérifions que nous comprenons bien ce qu'est la vision.

La vision est une image de ce que votre vie peut devenir et une perspective ou perception de la vie. Si vous avez une vision de votre vie, alors vous discernez la destination de votre vie et du but que vous poursuivez. Les Écritures déclarent : « Quand il n'y a plus de vision, le peuple est sans frein. » Ce qui n'est pas dit, c'est : « Quand il y a une vision, le peuple prospère ! » Vous devez avoir une vision dans la vie, si vous souhaitez faire de vos revers les tremplins de vos retours en force.

Il importe de définir le mot *vision*. D'abord, beaucoup de gens croient que la vision se définit par la vue. Mais a-t-on besoin de la vue pour faire d'un revers le tremplin d'un retour en force ? La réponse est : « NON ! » Helen Keller l'a prouvé. Elle était aveugle et sourde, elle est pourtant devenue une des plus grandes femmes de tous les temps. Stevie Wonder a prouvé qu'il n'était pas nécessaire d'avoir la vue pour devenir quelqu'un. Il a grandi aveugle et pauvre à Saginaw, dans le Michigan, mais il avait pour vision de devenir quelqu'un, si bien qu'il n'a cessé de s'y efforcer jusqu'à ce que Motown Records le découvre et signe un contrat avec lui. Stevie Wonder en est venu ainsi à compter parmi les musiciens les plus prolifiques de notre époque. Ray Charles s'est lui aussi trouvé en butte à un revers de taille lorsque à cinq ans il s'est mis à perdre la vue. Sa mère n'avait pas les moyens de l'amener voir un spécialiste et il est devenu complètement aveugle. Il aurait pu abandonner la partie, mais il a décidé de se battre pour que son rêve se réalise. Il s'est ainsi hissé au rang des icônes américaines.

Jose Feliciano est né aveugle et dans la pauvreté à Puerto Rico. Quelques-uns de ses voisins lui ont suggéré de se munir d'une tasse et de se mettre à mendier comme les aveugles étaient censés le faire, mais Jose s'y est refusé ! Il s'est trouvé une « vieille guitare » et a appris à en jouer par lui-même. Il s'est exercé jour et nuit, nuit et jour, parfois même jusqu'à en saigner des doigts. Aujourd'hui, Jose Feliciano est considéré comme l'un des plus grands guitaristes de tous les temps. Il a composé une chanson qu'on chante chaque Noël intitulée *Felis Navidad*. On n'a donc pas besoin de la vue pour faire d'un revers le tremplin d'un retour en force.

Le premier type de vision correspond à la vue, le suivant correspond à la sagesse rétrospective, qui est la capacité de regarder en arrière pour considérer des événements passés. La sagesse rétrospective est-elle nécessaire pour faire d'un revers le tremplin d'un retour en force ? Non ! Il est bon d'avoir de la rétrospective, afin de ne pas répéter les mêmes erreurs que dans le passé, mais la plupart des gens qui se mettent à examiner le passé en viennent malheureusement à s'y embourber ! Ils pensent au passé, s'accrochent au passé, vivent dans le passé. Ils n'arrivent pas à dépasser le passé ! Ils reviennent sans cesse sur ce que des gens leur ont dit dix ans auparavant ou sur ce qui leur est arrivé dans l'enfance et n'arrivent jamais à aller plus loin. Je me dis : *Le passé est censé être un lieu de référence, et non un lieu de résidence ! Il y a une raison pour laquelle votre voiture est munie d'un grand pare-brise et d'un petit rétroviseur. Vous êtes censé regarder là où vous allez, en ne vérifiant qu'occasionnellement d'où vous venez... Sinon, vous allez emboutir quelque chose !*

J'aime beaucoup cette citation au sujet de la vie : «La différence entre la vie et l'école réside dans le fait qu'à l'école on obtient la leçon, puis vient le test. Dans la vie, on obtient le test, puis vient la leçon.» Sans test, il ne peut y avoir de témoignage. Comme l'a dit Kierkegaard, le philosophe allemand : «On comprend souvent la vie en regardant derrière, mais on doit la vivre en allant de l'avant.» Tirez des leçons du passé, mais n'y revenez pas sans cesse.

Le premier type de vision correspond à la vue, le deuxième à la sagesse rétrospective et le troisième à la perspicacité ! La perspicacité, c'est la capacité de discerner les tenants et les aboutissants d'une situation, ainsi que la nature intérieure des choses. Il s'agit de la «petite voix calme en nous». Certains l'appellent l'intuition, qui signifie «professeur intérieur», et d'autres l'appellent la perspective. Je considère la perspicacité comme étant une combinaison d'expériences, de logique, de perspective et de sensibilité à notre voix intérieure, ainsi qu'à une voix supérieure qui nous guide de l'intérieur. Malheureusement, la plupart des gens en ont baissé le volume. Ils ne prêtent pas l'oreille à cette voix intérieure. Ils accordent leur attention à tous les gens cyniques et négatifs de l'extérieur. Il arrive parfois que nous devions nous rappeler nos victoires et que nous arrêtions d'examiner nos échecs. Écoutez la petite voix en vous qui vous dit : «Regarde, tu as connu des réussites et de plus grandes choses encore t'attendent. Si tu l'as fait auparavant, tu peux le faire encore maintenant. Il suffit d'essayer ! Tu peux y arriver !» Montez le son de votre voix intérieure et prenez conscience du fait que vous êtes en mesure d'accomplir des choses incroyables, si vous vous donnez simplement la peine d'essayer.

Le dernier type de vision correspond à la prévoyance ! La prévoyance est la capacité de voir dans l'avenir, pas comme la liseuse de bonne aventure le fait, mais comme la personne qui crée ce qu'elle voit dans son esprit. La prévoyance est une question de destination et de détermination. C'est cette vision qui vous permet de voir plus loin sur la route et de croire que ce que vous voyez est possible. Les Écritures disent que la prévoyance est liée à la foi, en ce sens qu'elle «fait arriver les choses qui ne sont point comme si elles étaient». La prévoyance, combinée à la perspicacité, crée une force puissante qu'on appelle un rêve ; et les rêves sont les semences de la réussite. Vous devez être prêt à rêver et à croire que votre rêve est réalisable, peu importe combien de gens vous diront le contraire. La perspicacité et la prévoyance sont une combinaison gagnante pour exploiter le pouvoir de la vision et pour s'engager sur le chemin d'un retour en force.

## La perspective

*On peut considérer toute expérience cruciale soit comme un revers, soit comme le début d'une nouvelle aventure merveilleuse, tout est une question de perspective !*
—MARY ROBERTS RINEHART

*Il arrivera parfois qu'on essuie des défaites dans la vie, mais il est possible de connaître la défaite sans être vaincu, on peut échouer sans être un échec ambulant. Les gagnants perçoivent l'échec et la défaite comme faisant partie tout simplement du processus qui mène à la victoire.*

—Maya Angelou

La perspective est une partie importante du concept de la vision. La perspective correspond à la manière dont vous percevez la situation. La manière dont vous la voyez. La considérez-vous comme un problème ou comme une occasion ? La considérez-vous comme un changement à subir ou comme une chance à saisir ? La considérez-vous comme un second début ou comme la fin ? La considérez-vous comme l'entrée ou comme la sortie ? La considérez-vous comme un cul-de-sac ou comme une bosse sur la route ? La considérez-vous comme un revers « point » ou comme un revers « virgule » ? Autrement dit, la considérez-vous comme la fin de la phrase, ou simplement comme une ponctuation dans la phrase, une courte pause ? La considérez-vous comme un revers ou comme le tremplin d'un retour en force ? Cette question très importante influera considérablement sur la manière dont vous y réagirez.

D'abord, le verre est-il à moitié vide ou à moitié plein ? Est-ce que la nuit se termine ou le jour commence ? Quelle que soit la perspective que vous choisirez, elle aura une grande incidence sur les décisions que vous prendrez. Vos décisions détermineront les actions que vous entreprendrez. Ensuite, vos actions détermineront les résultats que vous créerez.

Il y a des gens qui arrivent à se servir de l'adversité comme d'une force de motivation, qui les aide à s'affirmer, alors que d'autres permettent à l'adversité de les écraser et de les limiter. La clé de la réussite réside dans votre perception de l'adversité. Vous devez résoudre d'adopter et de maintenir une perspective positive. Votre optique positive déterminera votre perception des choses, et votre perception des choses déterminera votre résultat, et c'est alors que vous ferez une prise de conscience: «Oui, je crois vraiment que je peux faire un retour en force.»

Peu importe où vous trouverez une crise, vous trouverez toujours aussi une occasion. Napoleon Hill, l'auteur du classique intitulé *Réfléchissez et devenez riche,* écrit que toute adversité renferme, en même temps, la semence d'une occasion équivalente. Vous devez être prêt à le voir, et puis à faire le nécessaire pour changer ces instants d'adversité en instants déterminants et palpitants. Le tout est de savoir *comment* transformer ces instants d'adversité de manière à ce que vous puissiez vous aussi arracher la victoire à la mâchoire de la défaite.

Sans problèmes, il ne pourrait y avoir d'occasions! Selon le vieil adage, la clé de la réussite réside dans le fait de trouver un problème et de le résoudre. Il arrive parfois qu'on n'ait même pas besoin de chercher un problème, car c'est le problème qui nous trouve… on se retrouve alors devant un revers! Devant un revers, un choix se présente aussi à vous. Le percevez-vous comme un revers dont vous plaindre, ou le percevez-vous comme une opportunité dont vous enthousiasmer? Le choix vous appartient véritablement. Voici ce que dit un vieil adage portant sur la réussite: «La clé de la réussite consiste à trouver un besoin et à le combler. Trouvez donc un problème et résolvez-le.» Partout où il y a des problèmes, il y a aussi des occasions! Sans problèmes, il ne pourrait y avoir d'occasions.

Même avec les défis de la vie, je dis encore que le bien surpasse de beaucoup le mal, le bonheur l'emporte sur la tristesse, et le plaisir l'emporte sur la souffrance, mais tout dépend de la manière dont vous choisissez de voir les choses. Sous quel angle choisissez-vous de les voir? Les voyez-vous sous un angle positif ou négatif? La vie est un défi, mais aussi une aventure belle et formidable. Dès l'instant de votre naissance jusqu'au moment de votre mort, de belles choses et des défis se présenteront à vous. Quiconque prétend le contraire est soit menteur, soit mort! Vous devez choisir ce sur quoi vous voulez vous concentrer. Recherchez-vous ce qu'il y a de bien ou recherchez-vous ce qu'il y a de mauvais dans une situation?

## Le pouvoir de la perspective

Un grand fabricant de chaussures délégua deux représentants de commerce dans différentes parties de l'Australie pour voir s'ils réussiraient à faire des affaires avec les aborigènes. Un des représentants envoya un message dans lequel il disait : « Une perte de temps, pas d'affaires à faire ici... les aborigènes ne portent pas de chaussures. » Dans son message, l'autre disait : « Envoyez des renforts, une grande occasion d'affaires ici, les aborigènes ne portent pas de chaussures ! » Tout dépend de la manière dont vous percevez le verre, est-il à moitié vide ou à moitié plein ? Voilà une question à laquelle vous êtes le seul à pouvoir répondre. Et votre perspective déterminera votre réponse. Tout est de savoir si vous opterez pour une perspective positive ou pour une perspective négative.

Il arrive parfois qu'un revers se présente sous la forme d'une porte de sortie. Vous serez obligé de quitter quelque chose ou quelqu'un et cela risque de vous créer un malaise. Il se peut que ce soit affolant ou douloureux, car il vous faudra quitter quelque chose ou quelqu'un à qui vous êtes très attaché. Vous devrez changer, et vous ignorez ce qui résultera de ces changements. Tout ce que vous savez, c'est qu'on vous a montré la porte. À mon avis, vous devez considérer cette situation selon une perspective positive et vous dire : « Ça ira ! » Oui, dites-vous : « Ça ira ! » Pourquoi ? *Parce que toute porte de sortie est également une porte d'entrée. En quittant un lieu, vous entrez toujours dans un autre. Un lieu rempli de nouvelles possibilités et de nouvelles occasions.*

Il se peut que votre avenir soit incertain, et je sais que cela peut faire peur, mais vous devez faire preuve de courage. Le courage ne correspond pas à l'absence de peur, mais plutôt au fait d'aller de l'avant en dépit de la peur. Allez-y, allez de l'avant avec courage en réalisant que la vie est une aventure merveilleuse. La vie est une aventure merveilleuse pour ceux qui sont prêts à la vivre à fond. Rappelez-vous simplement que toute sortie marque également l'entrée dans un nouveau lieu, qui présente de nouvelles possibilités et de nouvelles occasions.

## La peur de l'inconnu

Il y avait un homme qui se tenait devant un peloton d'exécution et à qui on accorda un dernier souhait. Le capitaine de la garde s'avança et lui dit qu'il avait le choix entre faire face au peloton d'exécution ou entrer dans la caverne qui se trouvait bien loin dans la noirceur, de l'autre côté du marais et du bois. En regardant la caverne, l'homme demanda : «Où mène-t-elle?» Le capitaine de la garde lui répondit : «Personne ne le sait!» L'homme leva les yeux de nouveau, pour regarder le marais menaçant et le bois sombre, qui avaient l'air si affolants qu'il finit par dire : «Allez-y, tirez!» Et c'est ce qu'ils firent!

Par la suite, un jeune soldat demanda s'il pouvait aller explorer la caverne. Dans un frisson, le capitaine lui dit : «C'est votre vie, mais à votre place je n'irais pas!» Le jeune soldat se dirigea alors vers la caverne. Il rampa à travers le marais et chercha son chemin dans le noir, puis parvint à la fameuse caverne, dans laquelle il pénétra et dont il sortit de l'autre côté, où il trouva la liberté, une merveilleuse liberté. *La morale de cette histoire : la plupart des gens préfèrent se contenter d'enfers connus plutôt que de paradis inconnus.*

Je me rappelle avoir fait face à des obstacles dans le passé qui me semblaient être des montagnes insurmontables, mais qui, après que je les ai eu surmontés, me sont apparus en fait comme de petits monticules. Je crois que, si nous regardons en arrière avec objectivité, nous devons admettre que cela nous arrive à tous. Repensez à des problèmes que vous avez connus au cours de votre vie, ou peut-être simplement à des expériences de vie que vous avez dû traverser. Par exemple : étudier au lycée ou à l'université. Il se peut que cette expérience vous ait semblé être toute une affaire avant que vous commenciez, mais qu'elle vous soit apparue de bien moins grande importance une fois qu'elle a été derrière vous.

J'aime la citation suivante de Sidney J. Harris : «Quand j'entends quelqu'un soupirer parce que "la vie est difficile", je suis toujours tenté de lui demander : "En comparaison de quoi?"»

Oui, la vie est un défi, mais elle est également remplie de belles possibilités, tout dépend de votre perspective. Recherchez le côté positif et prenez conscience qu'un revers ne constitue pas un cul-de-sac, mais simplement un virage.

## Étape 1 : Points à retenir

1. Sans vision, le peuple est sans frein, mais avec une vision le peuple prospère.

2. Le passé est censé être un lieu de référence, et non un lieu de résidence.

3. À l'école, on obtient la leçon, puis vient le test. Dans la vie, on obtient le test, puis vient la leçon.

4. On comprend la vie en regardant derrière, mais on doit la vivre en allant de l'avant.

5. Il est possible de connaître la défaite sans être vaincu.

6. Considérez la situation comme un revers « virgule » plutôt que comme un revers « point ».

7. Sans problèmes, il ne pourrait y avoir d'occasions.

8. Toute sortie marque également l'entrée dans un nouveau lieu, qui présente de nouvelles possibilités et de nouvelles occasions.

9. Ne vous contentez pas d'enfers connus quand vous pouvez avoir des paradis inconnus.

10. Si vous recherchez ce qu'il y a de bien dans une situation, vous le trouverez. Décidez donc d'opter pour une perspective positive.

# ÉTAPE 2

## Reconnaître que c'est la vie : Parfois vous êtes le pare-brise, parfois vous êtes l'insecte !

*Ce sont là des temps qui éprouvent l'âme des hommes !*
—THOMAS PAINE

Oui, *ce sont là des temps qui éprouvent l'âme des hommes*. Ce sont aussi des temps qui éprouvent l'âme des femmes, celle des enfants et celle des personnes âgées. Ce sont là tout simplement des temps éprouvants. Ainsi il en a été des temps qui ont précédé votre naissance et ainsi il en sera des temps qui suivront votre mort. Autrement dit, «LA VIE EST ÉPROUVANTE !» Vos parents ont vécu des temps éprouvants, vos grands-parents en ont vécus et vos arrière-grands-parents en ont vécus également. Et vous en vivrez vous aussi. Avant d'aller plus loin, assurons-nous donc de bien comprendre une chose : la vie est un véritable défi. Elle en était un hier, elle en est un aujourd'hui et elle en sera un demain.

Chaque jour, vous vivrez des temps éprouvants. Chaque jour, vous ferez face à un nouvel ensemble de défis. La toute première ligne du livre intitulé *Le chemin le moins fréquenté* résume bien de quoi il en retourne : «La vie est difficile.» Et c'est bien vrai ! La vie est difficile, c'est un défi, et elle est dure. Tant que vous vivrez, vous aurez des défis à relever et des problèmes à résoudre. Quelqu'un a dit un jour : «Dans la vie, soit que vous ayez un problème, que vous veniez de résoudre un problème ou que vous soyez sur le point d'avoir un problème.» C'est la vie !

Disons clairement que, même si la vie est éprouvante, elle est également belle, merveilleuse et fantastique. Elle offre des possibilités formidables et des défis extraordinaires, ce qui est une bonne chose. Sans défis, le bébé n'apprendrait jamais à marcher, et par conséquent à courir. Sans défis, nous n'apprendrions jamais à lire et nous ne découvririons jamais de nouvelles idées. Sans défis, nous ne grandirions et ne nous épanouirions jamais. Sans défis, nous ne ferions pas les percées technologiques formidables que nous en sommes venus à apprécier et à considérer comme faisant partie intégrante de notre style de vie : l'ampoule électrique, l'automobile, l'avion, l'ordinateur et la télévision.

La vie se compose de hauts et de bas, d'entrées et de sorties, de soleil et de pluie. J'espère que vous aurez plus de hauts que de bas, plus d'entrées que de sorties, et plus de journées ensoleillées que de journées pluvieuses. Sans pluie, il n'y aurait pas d'arcs-en-ciel et, sans pluie, il n'y aurait ni plantes ni nourriture. Les défis s'accompagnent de force et de croissance. *La vie est une question de hauts et de bas, et c'est bien ainsi. Si vous allez à l'hôpital pour passer un ECG et qu'il en vient à tracer une ligne droite… c'est que vous êtes mort.*

Au cours de toute vie, il y a des temps de défi et des temps d'adversité, et selon moi tout cela est une bonne chose. Soit que ces moments vous façonnent et vous font grandir, soit qu'ils vous démolissent et vous brisent. Tout le monde, et je dis bien TOUT LE MONDE, connaît des temps marqués par les problèmes et les défis. Et dans l'ordre normal des choses : «Tant que vous vivrez, vous aurez du plaisir et vous aurez des souffrances. Vous aurez du soleil et vous aurez de la pluie. Vous aurez des hauts et vous aurez des bas. Vous aurez des sourires et vous aurez parfois des froncements de sourcils.» Voilà tout ! C'est la vie : parfois vous êtes le pare-brise, parfois vous êtes l'insecte !

Lorsque vous êtes le pare-brise, vous êtes grand, fort et invincible, et vous n'avez aucun problème. Une matinée radieuse, une journée splendide, un sentiment merveilleux, et tout va comme vous le voulez ! Vous êtes le roi ou la reine de la route ! Attention tout le monde, vous voilà ! Lorsque vous êtes l'insecte, vous ne cessez de tomber sur des obstacles. C'est un défi après l'autre, vous vous heurtez à un pare-brise ou à un mur de briques après l'autre, et les problèmes se succèdent. Mais juste parce que c'est une de ces journées où vous êtes l'insecte, cela ne veut pas dire que vous serez forcément perdant ! Tout dépendra de votre attitude et de votre perspective.

Si vous êtes l'insecte, et que vous avez une attitude et une perspective négatives, vous percevez le revers comme LA FIN ! Vous vous heurtez à un pare-brise, à un obstacle, à un problème, et VLAN ! vous vous écrasez, vous êtes défait et brûlé, vous baissez les bras et tout est fini. Par contre, si vous avez une attitude et une perspective positives, vous percevez le revers comme un fait journalier mineur, une partie de la vie, un moucheron dans le grand champ de baseball de la vie. Si votre attitude et votre perspective sont positives, vous développez ce qu'on appelle « la capacité de se remettre très vite » ou « la ténacité ». Si vous vous heurtez au pare-brise, vous ne vous écrasez plus et vous ne mourez plus. Vous frappez le pare-brise et vous rebondissez, vous vous remettez du choc et vous reprenez votre envol ! Lorsque vous rebondissez, vous êtes alors propulsé dans une sphère supérieure et vous vous mettez à voler plus haut !

La capacité de se remettre très vite compte pour beaucoup quand on veut faire d'un revers le tremplin d'un retour en force. Certains l'appellent la capacité de se remettre très vite, d'autres l'appellent la ténacité, qui est la capacité de se rétablir et de s'adapter à un défi et à un changement. Peu importe comment vous l'appelez, la clé de la réussite réside dans le fait de se remettre rapidement d'un revers et de refuser de rester au tapis. Vous ne vous écrasez pas, ne brûlez pas et ne mourez pas. Vous rebondissez, vous vous remettez du choc et vous reprenez votre envol. Pour faire de vos revers des retours en force, vous devez avoir la capacité de vous remettre très vite ; par conséquent, vous devez être tenace.

## Le sac Bolo

Lorsque j'étais enfant, mon frère et moi nous livrions tout le temps à des matchs de boxe, ce qui fait que nous finissions parfois couverts d'ecchymoses. Quand mes parents en ont eu assez des combats, ils ont décidé de canaliser notre énergie dans une autre direction, si bien qu'ils nous ont acheté un Bolo. Le Bolo était un sac de boxe en plastique ayant une base appesantie sur le devant duquel un visage comique était peint. Lorsqu'il était gonflé, on pouvait le frapper tout à loisir. Le truc, c'était que sa base appesantie permettait toujours au corps rempli d'air de rebondir.

Mon frère et moi passions des heures à frapper ce sac, à essayer de le mettre K.-O., mais il se relevait toujours. Nous avions beau le frapper de toutes nos forces, il se redressait toujours. Nos amis venaient à la maison, ils jouaient avec le sac et tout le monde était renversé de le voir rebondir chaque fois. Après quelques semaines passées à le frapper sans parvenir à le garder au tapis, nous nous en sommes lassés pour nous intéresser à d'autres jouets. Nous y retournions à l'occasion pour tenter de le mettre K.-O., mais fidèle à lui-même, il se redressait toujours.

Il en va de même pour la vie. La vie se saisit de nous, nous envoie au tapis et essaie de nous y maintenir, mais nous devons faire comme ce Bolo et nous relever sans cesse. Le cas échéant, la vie finira par se lasser, en être contrariée et nous laisser tranquille pendant un moment en se lançant à la recherche de quelqu'un d'autre. Par contre, la vie reviendra de temps en temps pour nous décrocher rapidement un coup et voir si elle arrivera cette fois-là à nous mettre K.-O., mais nous devrions être comme ce Bolo et continuer de rebondir.

Cependant, la question reste tout entière. Comment se remettre sur pied ? Comment devenir tenace ? Comme il en va de tout le reste dans un effort pour changer un revers en retour en force, vous devez en prendre la décision ! Vous devez décider d'avoir une attitude positive et de rebondir. Je ne vous dis pas que la chose sera facile, car ce ne sera pas le cas. Je vous recommande d'ailleurs de vous répéter cette phrase chaque fois que la vie vous enverra au tapis : « Il se peut que je sois au tapis pendant un moment, mais je ne suis pas K.-O. ! Je tiens à ce que le monde sache que je vais me remettre debout et revenir en force ! »

## La loi de Murphy !

Nous avons tous déjà entendu parler de la loi de Murphy, selon laquelle tout ce qui peut mal aller ira mal, et cela, au pire moment possible. Tôt ou tard, Murphy vient rendre visite à tout le monde. Murphy est le roi des revers de fortune. Il crée des revers et veille à ce que tout le monde en vive. Toutefois, il y en a qui en vivent plus que pour leur part, parce qu'ils font en sorte que Murphy se sente chez lui et qu'ils ignorent comment lui faire savoir qu'il n'est pas le bienvenu (un homme m'a dit dernièrement que Murphy avait élu domicile dans la chambre d'invités de sa maison). Or, il est possible de neutraliser Murphy et de l'envoyer faire ses valises. Comment ? En lui rendant la vie trop désagréable pour qu'il ait envie de rester.

Vous y arriverez en rendant trop laborieux ses efforts pour perturber votre vie. Vous lui rendrez la tâche difficile en le décourageant, en le faisant travailler et en le forçant à se trouver une cible plus facile. C'est comme les gens qui ont un dispositif antivol dans leur voiture, si le voleur tient vraiment à voler la voiture il y parviendra sans doute. Le dispositif sert à le dissuader, à lui rendre la tâche plus difficile et à l'amener à y penser à deux fois avant de passer à l'acte. Ainsi, le voleur se demandera s'il tient réellement à fournir autant d'efforts pour voler votre voiture, alors qu'il y a une autre voiture plus loin dans la rue qui n'est pas munie d'un dispositif antivol. Vous devez mettre au point un système dissuasif à l'intention de Murphy. Ce système porte le nom de « persévérance », c'est bien ça... de la bonne vieille persévérance. Vous devez simplement continuer d'avancer vers le but, en dépit de Murphy.

Lorsque Murphy vient vous décrocher un coup auquel vous ne vous attendiez pas, il vous faut persévérer. Vous devez résoudre avec détermination de ne pas baisser les bras. Plus longtemps vous persévérerez, plus Murphy perdra des forces.

## Étape 2 : Points à retenir

1.  La vie est éprouvante, c'est pourquoi vous devez continuer de fournir des efforts.

2.  La vie est une question de hauts et de bas, et c'est bien ainsi. Si votre ECG en vient à tracer une ligne droite... c'est que vous êtes mort.

3.  Acquérez la ténacité, afin de pouvoir vous remettre très vite et de vous mettre à voler plus haut !

4.  Transgressez la loi, celle de Murphy. Continuez d'aller de l'avant.

5.  Vous et Dieu constituez la majorité.

6.  Ayez la foi, concentrez-vous et allez jusqu'au bout.

7.  Ne vous laissez pas intimider par les obstacles.

8.  Apprenez de nouveaux moyens de gagner.

9.  Ne vous sentez pas visé. Prenez l'habitude d'oublier et de passer à autre chose.

10. Il arrive parfois que vous deviez transgresser la loi... la loi de Murphy ! (n° 4)

# ÉTAPE 3

## Se concentrer sur l'objectif :
## Où allez-vous ? Si le rêve est assez grand,
## les problèmes ne compteront pas !

*Rien n'a jamais été bâti qui se soit élevé jusqu'au ciel
sans que quelqu'un ait rêvé que cela devrait se
produire, ait cru que cela pouvait se produire et ait
voulu que cela doive se produire !*

*Tous les hommes rêvent, mais pas de manière égale.
Ceux qui rêvent durant la nuit dans les recoins
poussiéreux de leur esprit, réalisent au réveil que tout
cela n'était que vanité. Mais ceux qui rêvent en plein
jour sont ceux qui sont dangereux, car ils rêvent
les yeux ouverts, pour s'assurer que leurs rêves
se réaliseront !*
—T.E. LAWRENCE

L'étape suivante dans le processus qui consiste à changer des revers de fortune en retours en force exige que vous concentriez votre énergie sur votre rêve, votre vision, votre but. Vous devez avoir une vision et vous devez avoir un but, et vous devez réaliser qu'il y a une différence entre les deux. Le but est ce que vous travaillez à atteindre, alors que la vision est ce qui travaille à vous atteindre.

## Les requins

Afin d'atteindre vos objectifs et de réaliser vos rêves, vous devez y être motivé. Or, il existe deux types de motivation : l'inspiration et le désespoir. La plupart des gens permettent habituellement au désespoir de les motiver. Ils ne se sentent motivés que lorsqu'ils sont acculés au pied du mur et qu'ils n'ont aucun autre choix. Eh bien, qu'arriverait-il s'ils étaient motivés tous les jours ? Voici un poème qui exprime le mieux cet état de choses.

*La plupart des gens ignorent avec quelle rapidité ils peuvent nager, jusqu'à ce qu'ils se fassent poursuivre par des requins. Mais celui qui réussit dans la grande course de la vie, c'est celui qui en donne l'allure avec sagesse. Leur allure ne répond pas aux exigences de la peur, leur nage résulte de leur désir. Face à l'océan des décisions, vous laissez-vous guider par la peur ou par la vision ? Avez-vous fixé vos objectifs ? Tentez-vous de vous montrer à la hauteur de l'épreuve ? Ou attendez-vous encore de voir les requins ? Est-ce d'inspiration ou de désespoir dont vous avez besoin pour vivre vos rêves ? À vous de choisir !*

—AUTEUR INCONNU

Il y a quelques années, j'ai eu l'occasion de passer une journée en compagnie du multimillionnaire et roi du marketing de réseau Dexter Yager. Cet ancien camionneur s'est bâti un réseau de distribution multimillionnaire. Ce fut l'une des journées parmi les plus intrigantes de ma vie. J'en ai alors beaucoup appris au sujet de la réussite et des moyens de surmonter l'échec.

Dexter m'a raconté une histoire après l'autre au sujet du pouvoir qu'ont la pensée positive et l'adversité de vous amener à devenir le type de personne que vous pouvez devenir, si vous êtes disposé à rêver et à vous battre pour votre rêve. Il m'a aussi parlé des revers et des moyens d'en tirer des leçons. Au cours de notre conversation, il m'a dit quelque chose que je n'oublierai jamais : « À mesure que vous progresserez vers votre rêve, vous rencontrerez des problèmes et des difficultés, mais si le rêve est assez grand… les problèmes ne compteront pas ! » J'ai raffolé de cette remarque ! Si le rêve est assez grand, les problèmes ne comptent pas !

Par la suite, j'ai lu son livre intitulé *Don't Let Anybody Steal Your Dream,* qui m'en a appris davantage au sujet de sa philosophie des rêves et de la réussite. Voici quelques-unes des citations classiques de Dexter Yager :

*Il y en a qui disent : « C'est difficile, c'est tellement difficile ! » C'est vrai que c'est difficile ! C'est pourquoi vous devez y mettre tout votre cœur. Vous devez être prêt à vous battre pour votre rêve et à vous battre avec acharnement, en réalisant qu'en combattant vous gagnerez en force. Il se peut que vous vous fassiez jeter au tapis, mais continuez de vous relever et poursuivez le combat. Ceux qui refusent de perdre sont rarement perdants !*

*Le paradoxe de la vie, c'est que la réussite se bâtit sur les inconvénients, et non sur ce qui nous convient. Ceux qui sont disposés à se jeter dans la bataille et à en tirer des leçons gagnent. Ceux qui n'y sont pas disposés perdent.*

*Le combat crée des gagnants ! Michael Jordan et George Foreman sont des gagnants qui n'ont pas peur que les gens les voient se battre, afin de les voir gagner. Si vous voulez connaître la réussite, vous devez ne pas craindre d'échouer et apprendre à tirer des leçons de vos échecs !*

*Des pensées, il y en a à la pelle… mais la personne qui les met en pratique en a une remplie de paillettes d'or !*

*Tant que vous n'aurez pas appris à gérer votre argent, votre temps et votre pensée, vous n'accomplirez jamais rien qui en vaille la peine ! Se réaliser est un choix !*

*Le meilleur moyen de vous assurer un grand avenir consiste à vous faire grandir vous-même. Le meilleur moyen de faire grandir votre société consiste à faire grandir les gens qui la composent !*

*Tous les hommes sont fils de leurs œuvres. Seuls ceux qui connaissent la réussite sont prêts à l'admettre !*

*Comptez vos bénédictions plutôt que vos problèmes, battez-vous toujours pour réaliser vos rêves et rappelez-vous que, si le rêve est assez grand... les problèmes ne compteront vraiment pas !*

*Si le rêve est assez grand, les problèmes ne compteront vraiment pas.* Je n'arrivais pas à m'enlever cette citation de la tête. Durant tout le trajet de retour à la maison, j'y ai réfléchi et j'en suis venu à réaliser combien elle était vraie. Si le rêve est assez grand et si vous y aspirez suffisamment, les problèmes ne compteront pas vraiment, car ils ne seront que des inconvénients. Est-ce que ce sera facile ? NON ! Ce sera dur. Ce sera difficile. Ce sera un défi, mais si le rêve est assez grand et si vous y aspirez suffisamment, il se réalisera.

Comment pourriez-vous réaliser un rêve si vous n'en caressez aucun ? Avoir une vision pour votre vie et savoir où vous allez comptent pour beaucoup dans le processus qui consiste à faire d'un revers le tremplin d'un retour en force. Devant un revers de fortune, une des choses que vous devez faire est de vous demander : « Qu'est-ce que je veux accomplir et où est-ce que je veux aller ? » Si vous savez où vous voulez aller, vous serez plus en mesure de concentrer votre énergie sur votre progression jusqu'à atteindre votre destination. Imaginez qu'un matin vous quittiez la maison pour aller au travail et que vous découvriez alors que vous avez une crevaison. Renoncerez-vous à aller travailler ? NON ! Comme vous savez où vous voulez aller, vous composerez avec ce revers de manière à ce qu'il ne vous empêche pas d'atteindre votre destination.

Après avoir changé la roue, vous empruntez le chemin du travail, mais vous arrivez à une rue où une conduite d'eau s'est rompue, ce qui a engendré un détour. Renoncerez-vous à aller travailler et rentrerez-vous à la maison ? Non ! Comme vous savez où vous voulez aller, vous emprunterez le détour et vous poursuivrez votre route vers votre destination. Vous pouvez vous imaginer touchant à votre destination et les revers ne sont que ce qu'ils sont, des revers, des virages dans la route. Si vous connaissez votre destination, les revers ne seront que des détours à surmonter, à contourner ou, si nécessaire, à traverser, mais vous ne vous arrêterez pas avant d'être rendu à destination.

Le pouvoir des objectifs s'illustre le mieux par l'observation d'une fourmi. Les fourmis considèrent l'avenir en s'attendant à des défis, tout en gardant les yeux fixés sur le but et en étant déterminées à l'atteindre. En regardant une fourmi de près, vous remarquerez qu'il s'agit d'une créature incroyable qui n'abandonne jamais la partie. Si vous voyez une fourmi en chemin vers quelque part et que vous mettiez une feuille, un bâton, une brique ou n'importe quoi d'autre en travers de sa route, elle y grimpera, passera en dessous, le contournera ou fera le nécessaire pour atteindre son but. Elle n'arrêtera jamais. Elle ne renoncera jamais à atteindre sa destination. Elle continuera d'essayer, d'avancer et de poursuivre son but. En fait, le seul moyen d'arrêter une fourmi et de l'empêcher d'atteindre son but consiste à la tuer. Le seul moment où une fourmi cesse d'essayer d'y parvenir, c'est quand elle meurt.

Non seulement la fourmi n'abandonne jamais la partie, mais encore elle est toujours en train de se préparer pour l'hiver. Elle se prépare et réfléchit continuellement au lendemain. La sauterelle, par contre, ne pense qu'au jour même. La sauterelle pense à l'été durant tout l'été, alors que la fourmi pense à l'hiver durant tout l'été. Quand l'hiver arrive, la fourmi peut vivre relativement à son aise, alors que la sauterelle souffre. La leçon à retenir : la fourmi travaille avec assiduité à se préparer en vue des temps difficiles, qui, tôt ou tard, ne manqueront pas de survenir.

Nous devrions tous tirer des leçons de la fourmi. Nous devrions travailler assidûment chaque jour, et nous devrions résoudre de nous fixer des objectifs et de chercher à les atteindre. Nous devrions planifier nos lendemains. Ensuite, nous ne devrions jamais baisser les bras, quels que soient les obstacles qui viendront nous barrer la route. Quels que soient les problèmes qui nous assaillent et les situations dans lesquelles nous pouvons nous retrouver, nous ne devons jamais abandonner la partie. Nous devons continuer de poursuivre nos rêves et de chercher à atteindre nos objectifs. Nous devons toujours nous préparer à l'avenir et prévoir ce dont nous aurons besoin durant l'hiver tandis que nous sommes encore en été ; nous devrions planifier nos lendemains et nous préparer en conséquence. Nous devrions garder une poire pour la soif. De même qu'il fait soleil, ainsi il pleuvra ; de même que vient l'été, ainsi viendra l'hiver. Il y aura des revers à essuyer ! Il y aura des défis à relever ! Travaillez donc dur, préparez-vous aux temps difficiles et surtout... NE BAISSEZ JAMAIS LES BRAS !

Les fourmis vont vers l'avenir en s'attendant à avoir des défis à relever et des difficultés à surmonter, ce qui explique qu'elles :

1. sachent ce qu'elles veulent et où elles veulent se rendre ;
2. fassent preuve de persévérance et n'abandonnent jamais la partie ;
3. se fixent des objectifs ;
4. planifient ;
5. pensent au lendemain, plutôt que de ne penser qu'au jour même (la sauterelle pense à l'été durant tout l'été, alors que la fourmi pense à l'hiver durant tout l'été) ;
6. travaillent dur ;
7. travaillent intelligemment ;
8. choisissent de continuer jusqu'à ce qu'elles obtiennent ce qu'elles veulent ou qu'elles meurent.

La fourmi est un exemple merveilleux de créature qui est entièrement axée sur le but à atteindre et qui ne s'en laisse jamais détourner par les revers qu'elle essuie. Si nous arrivons à rester axés sur le but à atteindre et à garder les yeux fixés sur la vision que nous avons de notre vie, alors nous nous mettrons à faire tout naturellement de nos revers les tremplins de nos retours en force !

La vision est le point de départ de la réussite par lequel nous pouvons commencer à faire d'un revers le tremplin d'un retour en force. Toutefois, vous ne devez jamais oublier que là où il y a une vision, il y aura aussi des revers. Là où il y a une vision, il y aura de l'opposition : ce n'est pas qu'il pourrait y en avoir, mais qu'il y en *aura*.

## Vision et opposition : là où il y en a un, il y aura toujours l'autre aussi !

Là où il y a une vision, il y aura toujours de l'opposition. Vous aurez des défis à relever pour mettre votre vision à exécution. Vous devez prendre conscience de l'opposition et vous y préparer en croyant fermement à votre réussite et en étant prêt à vous battre pour l'obtenir. Si vous avez une GRANDE vision, les autres la trouveront irréaliste et, comme elle les mettra mal à l'aise, ils vont tenter de la diluer, mais ne les laissez pas faire ! Einstein a dit : « Les grands esprits font toujours face à l'opposition virulente des esprits médiocres. » Vous devez avoir la vision nécessaire pour voir, la foi pour croire, le courage pour faire et la force pour endurer !

La révérende Willette Wright est une amie et une grande prédicatrice qui a mentionné quelque chose dans un de ses sermons qui a vraiment mis dans le mille en parlant du pouvoir du rêve. Elle croit que, pour connaître la réussite, nous devons assumer la responsabilité de : 1) trouver quel est notre rêve ; 2) nous concentrer sur ce rêve ; et 3) nous battre pour réaliser ce rêve. Trouvez-le, concentrez-vous dessus et battez-vous pour qu'il se réalise.

Premièrement, nous devons nous trouver un rêve à caresser, car il serait difficile de réaliser un rêve quand on n'en a aucun à poursuivre. Et vous devez savoir que certains de vos amis vous croiront fou lorsque vous vous mettrez à parler de votre rêve et comment vous vous y prendrez pour accomplir des choses incroyables au cours de votre retour en force, mais je vous supplie de rêver quand même en grand. Toute grande invention, toute grande réalisation, est issue d'un grand rêve, et celui qui en est l'auteur s'est probablement fait ridiculiser, mais il l'a fait quand même.

## Ils ont tous ri

J'étais invité à l'émission d'Eric St. James diffusée sur les ondes de WOL à Washington, DC, et au cours de l'interview, j'ai mentionné qu'il fallait avoir une vision si on voulait changer sa vie, mais qu'on devait aussi s'attendre à faire face à de l'opposition dès qu'on obtiendrait cette vision. J'ai dit qu'on se ferait taxer de toutes sortes de choses et que toutes sortes d'obstacles se mettraient en travers de sa route, mais qu'il ne fallait pas désespérer. Tous les grands personnages qui ont marqué l'Histoire avaient une vision. Ils ont pris des décisions difficiles, ont agi et avaient de grands désirs... et ils devaient toujours faire face à de l'opposition. C'est alors qu'Eric a mentionné un livre d'Ira Flatow qu'il avait lu intitulé *They All Laughed*. Ce livre porte sur des gens au cours de l'Histoire qui ont accompli des choses incroyables et qui ont connu un succès incroyable, et sur le fait que tout le monde se moquait d'eux quand ils parlaient de leur rêve. Tout rêveur doit faire face à beaucoup de gens qui le tourneront en ridicule, afin de le décourager.

Ils ont ri de Thomas Edison et l'ont traité de fou lorsqu'il a parlé du rêve qu'il caressait de créer une ampoule pour éclairer qui ne serait pas une bougie. Ils ont ri d'Alexander Graham Bell et l'ont traité de fou lorsqu'il a parlé d'un appareil par lequel on pourrait parler avec des gens se trouvant en d'autres lieux. Ils ont ri de Christophe Colomb et l'ont traité de fou lorsqu'il a déclaré que la Terre n'était pas plate et qu'il était prêt à le prouver. Ils ont ri des frères Wright et les ont traités de fous lorsque ces derniers ont dit qu'ils allaient créer un appareil pour voler.

Ils ont ri de Martin Luther King, fils, et l'ont traité de fou lorsqu'il a parlé de tenir des manifestations non violentes en faveur des droits civils et qu'il a dit qu'il voulait tenir un ralliement sur les marches du monument de Lincoln afin de communiquer ses rêves au monde ; ils se sont bien moqués de lui. Ils ont ri de John F. Kennedy lorsqu'il a dit que l'homme marcherait sur la Lune avant la fin des années 1960. La liste va en continuant. Ils ont tous ri !

Les plus grandes réalisations ont toutes déjà été considérées comme impossibles. Tous ceux qui ont accompli des choses incroyables ont toujours tenté l'impossible. Il se peut qu'on rie de vous et de vos rêves, mais ne désespérez pas, vous vous joindrez ainsi à un club très prestigieux dont les membres savent que qui rit bien rira le dernier. Si vous n'êtes pas prêt à faire ce qui est ridicule, vous ne pourrez jamais accomplir ce qui est spectaculaire !

Ensuite, vous devez vous concentrer sur votre rêve et le garder bien présent à votre esprit. J'ai inscrit mon rêve dans mon agenda et je le lis chaque jour. Chaque fois que j'ouvre mon agenda, j'y vois mon rêve, car je l'ai imprimé sur l'intercalaire. Rappelez-vous que la Bible dit : « Écris une vision, donnes-en l'explication… afin qu'on la lise couramment » (*Tob*).

De plus, vous devez être prêt à vous battre pour votre rêve, car partout où il y a une vision il y aura de l'opposition. Là où il y a un rêve, il y aura des tueurs de rêves. Et plus le rêve est grand, plus les défis et les problèmes seront grands, mais aussi plus les récompenses seront grandes ! Il est essentiel que vous vous engagiez à vous battre. Vous devez vous battre pour aller de l'avant, pour vous défendre et pour poursuivre votre route ! Vous devez réaliser que, pour faire d'un revers le tremplin d'un retour en force, vous devez d'abord vous trouver un rêve à caresser, puis vous concentrer sur lui et ensuite vous battre pour le réaliser !

Enfin, nous pouvons alimenter et faire grandir notre rêve jusqu'à en faire une aventure fructueuse de taille, si nous sommes prêts à nous battre pour le réaliser. Vous devez être disposé à vous battre pour lui, car la vie vous mettra à l'épreuve ! Ma mère me disait tout le temps que tout ce qui mérite qu'on l'ait mérite qu'on se batte pour l'avoir. Il en va de même pour les rêves. Si un rêve mérite de se réaliser, il mérite qu'on se batte pour le réaliser.

En fin de compte, vous devez avoir un rêve et vous devez faire en sorte qu'il soit grand, car plus le rêve est grand plus les récompenses seront grandes. Tandis que vous changerez un revers de fortune en retour en force, rappellez-vous que vous n'aurez pas la tâche facile. Il y aura des problèmes, il y aura des défis, de même qu'il y aura des difficultés et de l'opposition, mais… si le rêve est assez grand, les problèmes ne compteront pas ! Rêvez en grand, battez-vous de toutes vos forces et ne vous en faites pas si les gens rient de vous, car qui rit bien rira le dernier !

## Étape 3 : Points à retenir

1. Si le rêve est assez grand, les problèmes ne compteront pas. Alors, rêvez en grand !

2. Comment pourriez-vous réaliser un rêve si vous n'en caressez aucun ?

3. Imitez la fourmi. Continuez jusqu'à ce que vous atteigniez votre but ou que vous mourriez, selon ce qui se produira en premier.

4. Planifiez vos lendemains et préparez-vous en conséquence. Pensez à l'été pendant tout l'hiver et à l'hiver pendant tout l'été.

5. Sachez que là où se trouve votre vision se trouvera aussi de l'opposition.

6. Les gagnants n'ont pas peur que les gens les voient se battre, afin de les voir gagner.

7. Oui, c'est difficile ; c'est pourquoi vous devez y mettre tout votre cœur.

8. Soyez prêt à vous battre pour votre rêve.

9. Si les gens ne se moquent pas de vos rêves, c'est parce que vos rêves ne sont pas assez grands.

10. Seuls ceux qui sont prêts à faire ce qui est ridicule peuvent accomplir ce qui est spectaculaire !

Deuxième partie

# LE POUVOIR DE LA DÉCISION

# ÉTAPE 4

## Prendre des décisions : Vous avez essuyé un revers de fortune, qu'allez-vous y faire ?

*Vous pouvez façonner votre vie… ou en être la victime ;*
*à vous de choisir !*
—REDENBACH

D
ans tout manuel traitant de réussite et dans tout entretien que j'ai eu concernant le présent livre, je me suis rendu compte de la même chose à maintes reprises. Les gens qui connaissent la réussite choisissent cette réussite ; ils en prennent consciemment la décision. Ils comprennent que les décisions et les choix font partie intégrante de la formule de la réussite. La réussite est certainement un choix et les gens qui la connaissent choisissent de réussir ! Pourquoi ? Parce que les gens qui réussissent réalisent que les revers de fortune font partie du prix à payer pour réussir. Pour connaître la réussite, vous devez composer avec les revers et apprendre à triompher d'eux, sinon ce sont eux qui triompheront de vous. On ne peut pas toujours contrôler les situations de sa vie, et cela se comprend, mais on peut contrôler ses décisions.

Vous devez comprendre le pouvoir du choix ! La réussite est un choix ! Des livres l'ont affirmé, des conférenciers en ont parlé et la vie l'a confirmé. Pour réussir, vous devez choisir la réussite, car la réussite n'a rien à voir avec la chance, c'est un choix à faire ! Rick Pitino, l'entraîneur des Celtics de Boston et l'ancien entraîneur des champions universitaires de 1996, les Wildcats du Kentucky, a écrit un livre intitulé *Success Is a Choice,* qui déclare que « votre réussite ne se réalisera que si vous choisissez de la réaliser. La réussite n'est pas un coup de veine. Ce n'est pas un droit divin. Ce n'est pas un accident de naissance. La réussite est un choix!»

Des choses se produiront qui échapperont à votre volonté, mais au bout du compte la réussite est une question de choix. Pour changer un revers de fortune en retour en force, il s'agit en premier lieu d'en prendre la décision. Comme dans tout, la première chose à faire consiste à décider. Malheureusement, la plupart des gens refusent de choisir et, par conséquent, choisissent de perdre. Soit que vous décidiez de ce que sera votre vie, soit que la vie le décide pour vous.

Devant un revers de fortune, vous avez quelques décisions cruciales à prendre. La première de ces décisions concerne votre perspective, la manière dont vous percevez le revers en question. La seconde concerne la manière dont vous y réagirez. Il s'agit de décisions cruciales en ce sens qu'elles détermineront comment vous procéderez pour surmonter ce revers.

## Réagir ou composer!

*Les circonstances de la vie d'un homme ne comptent pas vraiment. Ce qui compte, c'est la manière dont cet homme compose avec elles. Voilà ce qui déterminera en fin de compte sa réussite ou son échec!*

—BOOKER T. WASHINGTON

Réagirez-vous au problème ou composerez-vous avec lui? À vous de choisir! Les gagnants ont tendance à composer, alors que les perdants sont enclins à réagir! Quelle est la différence? Eh bien, réagir signifie que vous percevez la situation d'un point de vue négatif. Si vous emmeniez un ami à l'hôpital, qu'on lui donnait un médicament et que par la suite le médecin venait vous dire: «Votre ami a réagi au médicament», vous sauriez alors que le médicament a fait vivre une expérience négative à votre ami. Pourtant, si vous emmeniez un ami à l'hôpital, qu'on lui donnait un médicament et que par la suite le médecin venait vous dire : « Votre ami a répondu au médicament », vous sauriez alors que le médicament a fait vivre une expérience positive à votre ami. Or, il en va de même pour vos expériences de vie. Y réagissez-vous ou composez-vous avez elles ? Allez-vous réagir au revers qui survient ou composerez-vous avec lui ? À vous de choisir.

## Décision 1 : Vous avez essuyé un revers de fortune, qu'allez-vous y faire ?

*Le destin n'est pas un coup de veine, c'est un choix ! Il ne s'agit pas de quelque chose qu'on doive attendre, mais de quelque chose qu'on doit réaliser !*
—WILLIAM JENNINGS BRYANT

Devant un revers, la première décision à prendre consiste à déterminer la manière dont vous le percevrez. Est-ce un revers ou le tremplin d'un retour en force ? La décision suivante consiste à déterminer ce que vous allez y faire ? Allez-vous abandonner la partie ou allez-vous persévérer ? Allez-vous vous laisser abattre ou allez-vous vous battre ? Allez-vous le laisser vous arrêter ou allez-vous le laisser vous motiver ? Cette décision vous revient. C'est une décision que vous êtes seul à pouvoir prendre, mais vous devez savoir que votre choix aura une incidence profonde sur les résultats que vous obtiendrez.

### Le cancer ? Et alors ? Il ne s'agit que d'un diagnostic, et non d'une condamnation à mort !

J'étais à la maison en train de travailler au présent livre lorsque je reçus un appel de Les Brown, le grand conférencier spécialisé en motivation. Il était à Washington et il venait tout juste de voir son médecin, qui l'avait traité pour le cancer de la prostate, et il se trouvait dans les parages. Je lui dis donc : « Les, viens donc à la maison. » Peu après, il sonna à ma porte et j'allai lui ouvrir, mais ce n'était plus le Les Brown que j'avais l'habitude de voir qui se trouvait sur le seuil. Il était mince et soigné, et il semblait être en grande forme. Je lui dis : « Ça alors, tu as l'air en super forme ! Es-tu au régime ? » Il me répondit : « Je suis en mode grande vie ! Je ne vis plus pour manger, je mange pour vivre, et je m'amuse follement. »

Les m'annonça qu'il était devenu végétarien et qu'il faisait du conditionnement physique chaque jour. Il était très heureux parce que son médecin venait de le trouver en parfait état de santé, ce qui le transportait de joie. Nous prîmes place dans des fauteuils, puis nous rîmes et nous fîmes des farces comme d'habitude, et ensuite nous nous mîmes à parler de la vie. La vie sous l'angle de la santé, des défis, ainsi que de la foi et des choix qui sont nécessaires pour relever ces défis avec succès.

Je l'informai de ce que j'étais en train d'écrire le livre que vous avez entre les mains et que je pensais que ce serait vraiment merveilleux s'il y racontait, à sa manière, comment il s'y était pris pour changer le revers de son cancer du tout au tout pour en faire une histoire de retour en force. Je lui dis : « Les, tu as parlé de moi dans ton dernier livre, et j'aimerais avoir ton histoire en primeur, au sujet du retour en force que tu as fait en triomphant du cancer, pour l'inclure dans mon livre. » À cela, Les me répondit : « Faisons donc ça. Je tiens à ce que le plus de gens possible sachent qu'on peut vaincre le cancer. » Puis il ajouta : « Je crois fermement que Dieu se sert de moi pour faire savoir aux gens que les médecins rendent le diagnostic, mais que Dieu donne lui-même le pronostic. Le cancer est un diagnostic, et non une condamnation à mort ! Il est possible de le vaincre ! »

Je demandai à Les ce qu'il avait fait quand il avait appris qu'il avait le cancer. Il me répondit : « Ce que je fais toujours quand je fais face à des situations difficiles. Je me sers de mes étapes de dynamisation, qui sont : l'autoévaluation, l'autoapprobation, l'autoengagement et l'autoréalisation. Je me suis servi de ces étapes il y a de nombreuses années, quand je me démenais pour gagner ma vie en donnant des conférences et que mon ancien gérant a détourné des milliers de dollars de mon entreprise. Je m'en suis servi quand j'ai dû dormir à même le sol de mon bureau de Detroit parce que je m'étais fait expulser de mon appartement. Je m'en suis servi quand on a annulé mon émission de télévision et qu'elle est entrée dans les annales de la télévision comme étant l'émission ayant la plus grande cote d'écoute à jamais avoir été annulée en si peu de temps, parce que je refusais d'aborder des sujets que je jugeais bas de ton et sordides. Je m'en suis servi quand j'ai dû vivre le deuil douloureux de ma mère, emportée par le cancer du sein. Je m'en suis servi quand mon mariage, avec une femme que j'aimais, Gladys Knight, s'est brisé. Et je m'en suis servi aussi pour vaincre le cancer de la prostate.»

Lorsque nous nous mîmes à discuter de ses quatre étapes, je m'étonnai de découvrir combien elles ressemblaient à mes étapes VDAD ; en fait, nous leur avions simplement donné des noms différents. L'*autoévaluation* a rapport à la perspective et aux décisions. Avant de passer à l'action, vous devez prendre conscience que la vie est difficile et une véritable gageure pour tout le monde, et surtout pour ceux qui s'efforcent d'en faire quelque chose. Puis, vous procédez à une évaluation, en faisant d'abord face au fait qu'il y a dans votre vie un problème à résoudre, un défi à relever, plutôt que de fuir et de vous enfouir la tête dans le sable. Ensuite, vous évaluez l'incidence qu'elle aura en examinant les choses avec objectivité. À mesure que vous continuerez d'évaluer le problème, vous devrez établir vos priorités, ce qui veut simplement dire que vous devrez prendre des décisions. Il arrivera parfois qu'elles soient difficiles à prendre, mais vous devrez les prendre quand même.

Par la suite, je posai à Les une question à laquelle je connaissais déjà la réponse, mais que je voulais lui entendre dire quand même : «Les, pourquoi toutes ces choses te sont arrivées ? Qu'as-tu à dire du fait que tu as eu tous ces défis à relever ?» À cela, il me répondit comme je savais qu'il le ferait : «C'est comme l'histoire de la dame qui a fait un accident et qui demandait pourquoi cela devait lui arriver à elle. L'ambulancier lui a alors demandé : Qui suggérez-vous, Oprah ? Cela arrive à tout le monde, personne n'y échappe à tout coup.» Cela m'a d'ailleurs confirmé ma théorie sur la nécessité de reconnaître que les revers font partie de la vie, et que personne n'y échappe.

Puis, nous abordâmes le sujet de l'*autoapprobation,* qui a rapport à la vision. Il s'agit de la manière dont vous devez vous percevoir vous-même et dont vous déterminez ensuite ce que vous devrez faire pour relever le défi avec succès. Premièrement, vous devez vous sentir bien dans votre peau et savoir que vous êtes en mesure de surmonter ce problème. Deuxièmement, vous devez concentrer votre énergie sur le but, ainsi que sur ce que vous devez faire pour l'atteindre et pour garder une attitude positive devant le défi à relever. Les m'avoua qu'il avait eu peur lorsqu'il avait reçu le diagnostic, mais qu'il s'était rendu compte qu'il devait se concentrer sur sa foi plutôt que sur ses craintes, afin de surmonter le problème.

Ensuite, nous parlâmes d'*autoengagement,* qui a rapport à l'action. Il s'agit d'avoir la discipline et l'engagement nécessaires pour continuer d'essayer, coûte que coûte. Les dut prendre certaines décisions qui le mirent mal à l'aise, mais qu'il devait prendre pour changer son revers de fortune en retour en force. Il savait qu'il devait perdre du poids, ce qui fait qu'il changea son style de vie et qu'il s'engagea à devenir végétarien. Il s'engagea également à faire de l'exercice tous les jours (le seul exercice qu'il avait pour habitude de faire consistait à porter le sac de M&M à sa bouche). Il décida donc de s'entraîner chaque jour, même en voyage.

Finalement, il eut recours à l'*autoréalisation,* qui correspond à mon principe de dynamisation portant le nom de Désir. Il s'agit de voir à quel point vous le voulez, de vous concentrer sur votre foi et de savoir que Dieu est bon, en tout temps. Même devant des défis, ayez foi en Dieu et croyez qu'il ne vous abandonnera jamais. Vous devez prendre conscience que, pour relever vos défis avec succès, vous devez comprendre le pouvoir de la prière et vous devez travailler à toute votre personne, à savoir votre être physique, mental et spirituel. Les trois sont nécessaires pour surmonter avec efficacité les défis de la vie et pour se réaliser. La foi, l'espérance et l'amour de soi, et de son prochain conduisent à la réalisation de soi. Et à cela vous ajoutez le désir, qui conduit aussi à la réalisation de soi, qui conduit à la dynamisation; et la dynamisation vous conduira à changer vos obstacles en occasions.

Les Brown nous parle de victoire en raison de ce qu'il a vaincu. Lui qui est né dans un immeuble abandonné et qui a été adopté avec ses frères jumeaux lorsqu'il avait six ans. Lui qu'on a déclaré être un enfant attardé, qui a redoublé deux années, qui a fini le lycée par la peau des dents et qui n'est jamais allé à l'université, il est devenu un des conférenciers publics parmi les plus cités et les mieux rémunérés du monde entier. Lui qui est entré sur le marché du travail en tant qu'éboueur, il est devenu un animateur de radio très aimé, puis un militant en faveur de la communauté et ensuite un législateur de l'État. Cette victime du cancer devenue vainqueur du cancer, Les Brown sait surmonter les obstacles, de manière à faire de ses revers les tremplins de ses retours en force. Comme Les l'a dit dans son dernier livre : *La partie n'est pas terminée tant que vous ne l'avez pas remportée.*

La partie n'est vraiment pas terminée tant que vous ne l'avez pas remportée ! Vous devez vous le rappeler ! N'abandonnez jamais la partie, continuez d'essayer et vous réussirez à renverser la vapeur ! En fait, vous devez vous rappeler que, aussi longtemps que vous respirerez, vous aurez encore la chance, la possibilité, l'occasion de renverser la vapeur ! Continuez de vivre, continuez d'essayer et ne baissez jamais les bras, et vous réussirez à faire d'un revers le tremplin d'un retour en force !

### J'ai décidé de croire maman

Voici l'histoire merveilleuse d'une autre personne qui n'a jamais baissé les bras et qui a persévéré dans la poursuite de son but. Il s'agit de Wilma Rudolph, la grande coureuse sur piste et médaillée aux Jeux olympiques. Permettez-moi de vous raconter les grandes lignes de son histoire et de vous dire comment elle s'est servie de la vision et de la décision pour changer ses défis en heures de gloire.

Wilma Rudolph naquit à Clarkville, au Tennessee, la dix-septième d'une famille de dix-neuf enfants. Sa mère était femme de ménage et son père était commis dans un magasin. Ils n'avaient pas beaucoup d'argent, mais ils avaient beaucoup d'amour. À quatre ans, la petite Wilma fut atteinte de la polio et resta infirme d'une jambe. Ses parents l'emmenèrent à l'hôpital, qui se trouvait à environ 120 kilomètres de chez eux, et les médecins lui dirent qu'elle ne marcherait plus jamais.

Wilma en eut le cœur brisé, car elle aimait beaucoup courir et jouer avec ses frères et sœurs. Sur le long chemin du retour, elle n'arrêta pas de penser à ce que les médecins lui avaient dit et se mit à pleurer. Sa mère s'assit avec elle pour lui parler et lui dit : « Mon bébé, je sais que les médecins ont dit que tu ne pourrais plus jamais courir, mais je ne crois pas qu'ils avaient raison. Je crois que Dieu va te guérir et que tu courras de nouveau, et que tu courras vite. » La petite Wilma prit dès lors une décision, et déclara : « J'ai entendu ce que les médecins ont dit et j'ai entendu ce que maman a dit, et j'ai décidé de croire maman ! »

Elle se mit à travailler à son rétablissement, petit à petit. D'abord, elle travailla à se mettre debout, puis à marcher, puis à marcher vite, puis à faire du jogging et puis à courir. C'était difficile, c'était inconfortable, mais quinze ans plus tard Wilma Rudolph devint la première Américaine à gagner trois médailles d'or aux Jeux olympiques. Elle crut qu'elle arriverait à courir, elle décida donc de faire le nécessaire pour réaliser son rêve. Elle travailla à son rétablissement chaque jour, afin de pouvoir apprendre à courir, puis elle passa à l'action et se mit à courir… et en vint à courir vite !

La décision et la foi sont des clés qui vous permettront de changer vos revers de fortune en retours en force. Vous devez prendre la décision et y croire par la suite. C'est comme l'homme à qui on ne donnait plus que six mois à vivre et qui décida de vivre vingt-cinq ans de plus. Il crut qu'il le pourrait, il crut qu'il le ferait et il le fit ! Quand il s'agit de changer des revers en retours en force, la décision et la foi sont deux éléments puissants à posséder.

Chaque jour, je prie pour la sagesse et le courage, car j'ai découvert que ces deux ingrédients sont nécessaires à la réussite, tant personnelle que professionnelle. La sagesse est la capacité de discerner et de prendre de bonnes décisions. Ensuite, il faut faire preuve de courage pour agir en fonction de ces décisions. Il faut du courage pour prendre position en faveur de ses rêves et du courage pour aller de l'avant en vue de les réaliser. Dans le processus qui consiste à changer mes revers de fortune en retours en force, je prie constamment pour avoir la sagesse nécessaire dans mes décisions et le courage d'agir en conséquence. Je vous recommande donc de prier vous aussi pour avoir la sagesse et le courage nécessaires.

## Étape 4 : Points à retenir

1. Rappelez-vous que la réussite est un choix, et non un coup de veine. Choisissez de réussir.

2. Décidez de ce que sera votre vie, sinon la vie le décidera pour vous.

3. Ce ne sont pas les circonstances qui comptent, mais la manière dont vous composez avec elles.

4. Choisissez de composer, et non de réagir.

5. Le médecin donne le diagnostic, Dieu donne le pronostic.

6. Si l'on vous donne six mois à vivre, décidez de vivre vingt ans de plus.

7. Rappelez-vous que la partie n'est pas terminée tant que vous ne l'avez pas remportée.

8. Tant que vous respirerez, vous aurez encore la possibilité de faire un retour en force.

9. Décidez de travailler à vous améliorer.

10. Priez chaque jour pour avoir sagesse et courage.

# ÉTAPE 5

# Ne pas paniquer : La panique est dénuée de tout pouvoir ! Décidez de garder votre sang-froid et de rester positif !

*La seule « bonne chance » que la plupart des personnes exceptionnelles ont jamais eue est celle d'être nées avec la capacité et la détermination nécessaires pour surmonter la « malchance » !*

—Channing Pollock

Si vous faites face à un défi dans la vie, il se peut que vous ignoriez quoi faire, mais une chose que vous devriez vraiment éviter de faire, c'est paniquer. Vous ne devriez pas paniquer, car la panique est dénuée de tout pouvoir ! Le mot « panique » provient du verbe grec qui signifie « étouffer ». Étouffer veut dire interrompre, désengager et déconnecter. Quand vous paniquez, c'est exactement ce que vous faites. Vous interrompez l'afflux d'air vers votre cerveau. Or, si vous interrompez l'afflux d'air vers votre cerveau, vous ne pourrez plus réfléchir clairement, si vous ne pouvez plus réfléchir clairement, vous ne pourrez plus exercer toutes vos options et, si vous ne pouvez exercer toutes vos options, vous ne pourrez prendre de bonnes décisions. Et il est clair que vous deviez prendre de sages décisions, si vous souhaitez changer vos revers de fortune en retours en force. Voilà pourquoi vous ne devez pas paniquer, car la panique a pour effet de court-circuiter le système nerveux et de vous empêcher de réfléchir de manière rationnelle. En fait, la panique vous rend réellement fou.

L'Histoire nous donne en exemples beaucoup de gens qui ont paniqué et qui, en conséquence, ont tout perdu. Au cours du krash boursier de 1929, des milliers de gens ont paniqué et se sont suicidés, sans savoir que la vie se poursuivrait et que, ce qu'on avait bâti, on pouvait le rebâtir. Ne paniquez pas, surtout en prenant des mesures extrêmes comme le suicide. Le suicide est une solution permanente à un problème temporaire, et résulte habituellement de la panique.

Dans la pièce de Broadway intitulée *Annie,* on chante une chanson magnifique qui s'intitule «Tomorrow», et qui parle du fait que, peu importe quels peuvent être vos problèmes aujourd'hui, vous devriez garder espoir et vous rappeler que le soleil brillera demain. Ayez la foi et sachez que demain vous apportera une toute nouvelle journée, une toute nouvelle occasion de régler ces problèmes et de changer ces revers de fortune en retours en force. Vous aurez des revers à essuyer, mais comme on le dit : «ça passera»... par conséquent, ça ne restera pas. Il se peut que vous viviez des situations du vendredi, des revers majeurs, mais rappelez-vous toujours que le dimanche une victoire assurée vous est réservée. Ne paniquez pas, car dimanche s'en vient, et le soleil brillera demain – continuez d'avancer!

## Conservez une attitude positive!

*La gravité est un fait, mais les avions contournent ce fait heure après heure.*
—NEIL ARMSTRONG

*Votre attitude est plus importante que les faits!*
—KEN MENINGER

Même si Mugsy Bouges était de très petite taille, le fait est qu'il tenait à devenir joueur de basketball professionnel, ce qu'il devint, d'ailleurs. Roger Crawford, le grand conférencier, auteur et joueur de tennis semi-professionnel, est né sans mains et avec une seule jambe, mais il se disait que «cela n'était qu'un inconvénient». Il dit qu'il est incapable de manger avec des baguettes ou de jouer du piano, mais qu'il n'en est pas moins devenu champion national de tennis pour autant, ainsi qu'un conférencier de renommée internationale et l'auteur du best-seller national intitulé *How High Can You Bounce?* Il comprend que c'est votre attitude, et non votre aptitude, qui déterminera votre altitude en fin de compte.

L'attitude est un choix. C'est une décision. Décidez donc d'adopter une attitude positive! Comme l'a dit Dennis Brown: «La seule différence entre une bonne journée et une mauvaise journée réside dans votre attitude.» Vous devez en faire le choix. Nous pouvons tous connaître le bonheur à court terme, même si nous avons une mauvaise attitude. Nous pouvons acheter une voiture ou décrocher un emploi, ou rencontrer notre âme sœur et nous serons heureux… pour l'instant. Afin de préserver et d'étayer ce bonheur, vous devez développer une attitude positive, car la voiture vieillira et en viendra à nécessiter des réparations, il se peut que votre emploi change et cela rapidement, et que vous vous soyez trompé d'âme sœur. Pour surmonter les défis et les problèmes de la vie, il est essentiel que votre attitude soit positive, sur les plans mental et émotionnel. Vous devez avoir une attitude mentale positive qui vous permettra de réfléchir de manière positive, ainsi qu'une attitude émotionnelle positive qui vous permettra d'agir de manière positive.

Avec une attitude positive, vous pouvez tirer du bon de ce qui est mauvais, et du bonheur de ce qui est triste. Avec une attitude positive, vous vous attendez à ce que de bonnes choses vous arrivent, ce qui fait que vous vous attirez de bonnes choses. Avec une attitude positive, vous êtes enclin à être plus enthousiaste par rapport à la vie, et la vie sera donc plus enthousiaste par rapport à vous. Avec une attitude positive, vous composerez simplement mieux avec les problèmes!

Tout est une question d'attitude. Vous devez avoir une attitude positive. Et comment obtenir une attitude positive? En le décidant. Il s'agit d'une décision à prendre. C'est un choix à faire. Vous ne pouvez contrôler ce qui vous arrive. Vous ne pouvez contrôler ce qui arrive autour de vous, mais vous pouvez contrôler ce qui arrive en vous. Choisissez donc d'avoir une attitude positive.

> *Garde mes paroles positives, car mes paroles deviennent des comportements.*
> *Garde mes comportements positifs, car mes comportements deviennent des habitudes.*
> *Garde mes habitudes positives, car mes habitudes deviennent des valeurs.*
> *Garde mes valeurs positives, car mes valeurs deviennent mon destin.*
>
> —MOHATMA GANDHI

## Vos entrées détermineront vos sorties !

«Vous êtes ce que vous mangez.» Voilà ce que tous les livres de diète disent au sujet de votre santé. Les informaticiens disent «qualité d'entrée égale qualité de sortie»! Il en va de même pour la vie ; vous êtes ce que vous faites entrer. L'auteur à succès Dennis Waitley parle ainsi : si vous prenez une orange et que vous la pressez, qu'en sortira-t-il ? Du jus d'orange ! Si vous pressez un raisin, qu'en sortira-t-il ? Du jus de raisin ! Pourquoi ? Parce que quand une pression est exercée, la vraie essence intérieure sort. Ce que vous mettez dans votre esprit est essentiellement ce que vous deviendrez, voilà pourquoi vous devez prendre l'engagement de faire entrer en vous des informations positives, sur une base quotidienne. La vie vous lance des défis tous les jours et peut exercer des pressions extrêmes sur nous, et c'est alors que ce que vous avez fait entrer en vous vous dépassera, surtout si vous n'avez aucun fondement sur lequel vous appuyer pour relever ces défis avec succès. Il est donc primordial que vous usiez d'une grande prudence dans le choix de ce que vous faites entrer dans votre esprit. Vous devez veiller à ne pas permettre à votre esprit de se faire infecter par des influences négatives. Tout revient à une question d'attitude. Par conséquent, vous devez opter pour une attitude positive.

**L'attitude, c'est tout ce qui compte!**
**Alors, ne vous raidissez pas… écoutez plutôt!**

Keith Harrell est un ami qui a écrit un livre avec moi intitulé *Only the Best on Success!* Keith a une histoire extraordinaire à raconter au sujet des moyens de surmonter des revers et de les changer en retours en force. Il a travaillé pour IBM pendant quatorze ans et s'attendait à y travailler jusqu'à sa retraite. Pourtant, un vendredi après-midi, Keith et 650 de ses collègues de travail furent convoqués à une réunion particulière. Au cours de la réunion, on les informa de ce qu'IBM annonçait sa première mise à pied de ses soixante-cinq ans d'existence. Ils apprirent que 80 pour cent d'entre eux partiraient au cours des trois mois suivants.

Keith m'a précisé qu'à ce moment-là la peur s'installa dans la pièce, l'incertitude aussi, et que la foule en avait la gorge serrée, certains tremblaient et en étaient malades. Après que l'annonce fut faite, Keith se leva dans un éclair et déclara: «J'ai une question!» On lui demanda: «Quelle est votre question, jeune homme?» Keith répondit: «Eh bien, monsieur, une fois que les 80 pour cent seront partis… pourrai-je avoir un plus grand bureau, un qui aurait une fenêtre avec vue?» Tout le monde éclata de rire. Keith m'a dit qu'il s'était rendu compte que l'humour était de mise à ce moment-là, pour aider les gens à se ressaisir et à ne pas s'effondrer. Un de ses bons amis lui donna alors un petit coup de coude en lui lançant: «Hé! Keith… Monsieur Positif, tu sais que tu seras probablement le premier à partir!» Et IL LE FUT!!! Il se fit licencier d'un poste qu'il n'aurait jamais cru perdre de cette façon, un emploi dont il pensait prendre sa retraite. Il essuya ainsi un revers important.

Keith ne s'effondra pas. Il avait lu des livres positifs et écouté des cassettes de motivation, et son attitude était positive. Keith prit cette attitude positive et la mélangea à une aptitude positive. Il commença à travailler à son rêve de devenir conférencier et formateur, et décida de communiquer aux gens comment composer avec le changement selon une attitude positive. Il en vint à bâtir une société de conférence et de formation millionnaire. Il est l'auteur du best-seller *Attitude Is Everything,* et s'est fait connaître dans les salles de réunion de tout le pays comme «Monsieur Super-fantastique» en raison de la façon dont il salue tous ses auditoires : «Quand les gens vous demandent comment vous allez, dites-leur simplement... Superfantastique!»

Une des choses parmi les plus importantes dans votre attitude concerne les gens à qui vous vous associez. Vous devez décider clairement d'arrêter de fréquenter des gens négatifs et mesquins, parce qu'ils empoisonneront votre pensée axée sur les possibilités et vous empêcheront ainsi de faire de votre revers de fortune le tremplin de votre retour en force.

### Les gens qui ne voient pas leurs possibilités

Quand vous voulez surmonter des revers, une des clés du succès consiste à vous tenir loin des gens négatifs qui tenteront de vous dissuader de vous mettre debout et de réaliser vos rêves. Vous devez également vous aligner avec des gens positifs qui vous encourageront. Si vous essuyez un revers, il arrivera souvent que des amis et des proches tentent de vous dissuader d'essayer de nouveau. Ils vous diront : «N'essaie pas de faire ça! Tu sais que tu viens d'essuyer un revers, et ce sera pénible si tu n'y arrives pas une fois de plus!» Ou encore ils vous diront : «Tante Suzanne a essayé ça, et elle a échoué. N'essaie pas ça, ce sera pénible si tu ne réussis pas!» Mes amis, je me suis rendu compte que la majo-rité des gens qui tentent de nous dissuader de poursuivre nos rêves n'agissent pas par méchanceté. C'est seulement qu'ils ne voient pas les possibilités. Étant donné que la chose ne s'est pas concré-tisée pour eux ou pour quelqu'un d'autre, alors ils croient que cela ne pourra pas vous arriver! FAUX! Ce n'est pas vrai! Rien n'est plus gratifiant que de voir quelqu'un qui dit que la chose en ques-tion ne peut s'accomplir se faire interrompre par quelqu'un qui est en train de l'accomplir.

Dire aux gens que vous aimez de cesser d'essayer quand ils tombent revient à dire à un bébé : «N'essaie plus de marcher. Tu es tombé, alors reste par terre. Ce sera pénible!» Bien entendu, ce sera pénible, mais s'il ne tombe pas par terre, le bébé n'apprendra jamais à marcher. Si vous n'êtes pas prêt à échouer, ce sera vraiment difficile d'apprendre à réussir.

Michael Jordan, qu'on dit être le plus grand joueur de basketball de tous les temps, a parlé dans une publicité télévisée au sujet de ses échecs et en quoi ils ont été à l'origine de ses réussites… Il a dit : «J'ai raté plus de mille paniers au cours de ma carrière. J'ai perdu environ trois cents matchs. À vingt-six occasions, on m'a confié le lancer gagnant, mais je l'ai manqué. Et j'ai échoué à maintes et maintes reprises au cours de ma vie. Voilà pourquoi… je réussis.» C'est parce qu'il est prêt à échouer, à prendre des risques, qu'il est en mesure de réussir.

Décidez d'être plus enthousiaste à l'idée de gagner qu'affolé à l'idée de perdre. Décidez d'adopter une attitude positive ; c'est un choix à faire. Rappelez-vous que les gens qui ont une attitude positive s'attirent plus de bonnes choses que ceux qui ont une attitude négative. Choisissez donc de ne pas vous inquiéter, choisissez d'être positif, et choisissez de garder votre sang-froid et de rester connecté. Comme Bobby McFerrin l'a chanté : «Don't Worry, Be Happy !» (Ne t'inquiète pas, sois heureux !) Comment ? En le choisissant, puisqu'il s'agit d'un choix !

### Pourquoi s'inquiéter ?
Soumis par Janice Krouskop

*Il n'y a que deux choses dont s'inquiéter ;*
*soit que vous soyez bien portant, soit que vous soyez malade.*
*Si vous êtes bien portant, vous n'avez aucune raison de vous inquiéter.*
*Si vous êtes malade, il y a deux choses dont vous préoccuper ;*
*soit que vous vous rétablissiez, soit que vous mourriez.*
*Si vous vous rétablissez, vous n'avez aucune raison de vous inquiéter.*

*Si vous mourez, il n'y a que deux choses dont vous préoccuper ;*
*soit que vous alliez au ciel, soit que vous alliez en enfer.*
*Si vous allez au ciel, vous n'avez aucune raison de vous inquiéter.*
*Si vous allez en enfer, eh bien... pourquoi vous inquiéter maintenant ? C'est trop tard !*

AUTEUR INCONNU

## Étape 5 : Points à retenir

1.  Ne paniquez pas. La panique est dénuée de pouvoir.

2.  Exercez-vous à garder votre sang-froid, en vous parlant.

3.  Ne grossissez pas les faits et ne voyez pas la catastrophe partout ; cessez d'accumuler les pertes.

4.  Lorsque vous avez des situations du vendredi, rappelez-vous que dimanche s'en vient.

5.  Peu importe combien les choses vont mal aujourd'hui, demain est en chemin. Tenez bon !

6.  Rappelez-vous que votre attitude est plus importante que les faits.

7.  Décidez de gagner quelle que soit la donne que vous receviez.

8.  Ne vous raidissez pas, écoutez plutôt.

9.  Rien n'est plus gratifiant que de voir quelqu'un qui dit que la chose en question ne peut s'accomplir se faire interrompre par quelqu'un qui est en train de l'accomplir.

10. Tentez le coup et soyez prêt à échouer, car ce n'est qu'alors que vous pourrez vraiment réussir.

## Troisième partie

# LE POUVOIR DE L'ACTION

Dans le dernier chapitre, nous avons abordé la question du pouvoir de la demande, mais il y a également un autre enseignement à tirer des Écritures: l'importance de l'action. Demandez et vous recevrez, cherchez et vous trouverez, frappez à la porte et l'on vous ouvrira. En effet, tous ceux qui demandent reçoivent, tous ceux qui cherchent trouvent et tous ceux qui frappent à la porte se la font ouvrir. Vous remarquerez que chacun de ces points est lié à une affirmation d'action. Si vous entreprenez l'action, alors vous obtiendrez la bénédiction. La plupart des gens reçoivent non pas parce qu'ils ne demandent pas, ne cherchent pas et ne frappent pas à la porte! Ceux qui agissent sont ceux qui obtiennent. Vous devez passer à l'action si vous souhaitez obtenir des résultats.

# ÉTAPE 6

## Passer à l'action : Vous aurez beau avoir des projecteurs et des caméras, rien ne se produira tant que vous ne passerez pas à l'action !

*Sur les sables de l'hésitation,*
*reposent les os d'innombrables millions qui,*
*à l'aube de la victoire, s'assirent et attendirent,*
*et moururent en attendant.*
—EVANGELINE WILKES

*Il arrive que vous deviez faire semblant*
*jusqu'au temps de le faire pour vrai…*
*Agissez de manière à vous faire adopter un nouveau*
*mode de pensée et réfléchissez de manière à vous*
*faire adopter un nouveau mode d'action.*
—WILLIE JOLLEY

Pour faire d'un revers le tremplin d'un retour en force, ce qu'il vous faut ensuite, c'est l'action. La vision sans action est illusion, et l'action sans vision est confusion. Mais l'action et la vision, le désir et la décision peuvent changer votre vie et changer le monde. Ou encore, comme le dit si bien Marlon Smith, le grand formateur spécialisé en motivation : «La vision sans action est un souhait, et les souhaits sont dénués de substance.»

Plus tôt, nous avons parlé du fait que les fourmis sont dotées d'une compréhension innée de l'importance que revêt le fait d'avoir un but, ainsi que de la nécessité de travailler dur et de persévérer, afin d'atteindre ce but. Les fourmis comprennent qu'un travail acharné compte parmi les éléments cruciaux de la poursuite de leurs objectifs. Un travail acharné, voilà la clé de la réussite. Vous trouverez ci-après un extrait de mon livre intitulé *It Only Takes A Minute to Change Your Life,* qui traite d'un travail acharné.

## Le travail acharné fonctionne

J'ai reçu un appel de mon amie Amy Goldson, dans lequel elle me transmettait une citation qu'elle tenait de sa mère, qui lui avait drôlement rendu service dans sa poursuite d'une carrière d'avocate. Voici cette citation toute simple: «Le travail acharné fonctionne!» Et c'est bien vrai! Rien ne saurait remplacer un travail acharné. La réussite ne résulte pas de la chance ni de la bonne fortune, mais plutôt d'un travail acharné et de la persévérance. Dans les Proverbes, on peut lire: «La main des diligents dominera, mais la main lâche sera tributaire.» Il se peut que le fait de travailler dur et de persévérer crée un malaise, mais cela s'avère absolument nécessaire si vous souhaitez sérieusement changer vos revers de fortune en retours en force. Le seul endroit où la réussite précède le travail, c'est dans le dictionnaire.

William Penn a écrit: «Pas de souffrance, pas de rameaux; pas de croix, pas de couronne; pas d'épines, pas de trône; pas de fiel, pas de gloire!» Ce fait, Janice Krouskop l'affirme si bien aussi: «Sans ambition, on ne démarre rien, et sans travail acharné, on ne finit rien. Par conséquent, ceux qui s'étirent la colonne vertébrale jusqu'à s'en trouver grandis réaliseront des choses!» À mon avis, cela dit tout. D'abord, il y a le but que vous souhaitez atteindre, puis vient le travail acharné, suivi de la détermination et de la persévérance.

La persévérance est un élément essentiel de tout effort pour faire d'un revers le tremplin d'un retour en force. On pourrait se dire que cet ingrédient va presque de soi, mais permettez-moi de vous dire qu'il doit être répété à maintes reprises. Il faut se le rappeler le matin, le midi, et de nouveau le soir. En fait, vous devez même vous le rappeler durant vos rêves ! Persévérez... N'abandonnez jamais.

W. Mitchell est l'exemple même du pouvoir de la décision et du pouvoir qu'on a de choisir de réussir. W. Mitchell est un ami qui m'inspire continuellement. J'ai entendu parler de lui pour la première fois sur une cassette de Zig Ziglar. Par la suite, Anthony Robbins a parlé de lui, et beaucoup d'autres ont suivi. J'ai fait sa connaissance dans le cadre d'un événement de la National Speakers Association et nous nous sommes ensuite liés d'amitié. En fait, j'ai rédigé l'introduction de son dernier livre. Mitchell inspire par sa détermination à changer des revers de fortune en retours en force encore et toujours. Son histoire est légendaire, car c'est quelqu'un qui illustre l'art de changer des revers en retours en force.

## L'homme qui refuse de connaître la défaite, W. Mitchell

W. Mitchell est l'exemple même de ce que signifie faire d'un revers le tremplin d'un retour en force. On l'appelle respectueusement «l'homme qui refuse de connaître la défaite», car il n'abandonne jamais la partie. Il y a vingt-cinq ans, Mitchell était étudiant et travaillait à temps partiel en tant qu'opérateur de funiculaire à San Francisco. Entre l'école et le travail, il trouvait le temps de faire des randonnées sur sa nouvelle moto Harley Davidson pour le plaisir. Il vivait en rêvant au moment où il pourrait aller à moto pour sentir le vent rafraîchissant lui caresser le visage.

Un jour qu'il était en randonnée, Mitchell traversait une intersection lorsqu'il vit soudain un camion griller un feu rouge. Le camion le percuta et l'envoya voler par terre, et tandis qu'il gisait là à l'agonie, il sentit l'odeur de l'essence et réalisa qu'il en était couvert. Soudain, il y eut une explosion et la motocyclette s'enflamma, puis le feu se propagea et embrasa son corps en moins de deux. Il se changea en torche humaine et se fit brûler tout le corps, de la tête aux pieds. Il perdit les doigts et les orteils, et se retrouva ainsi déformé et défiguré à tel point qu'il ne se ressemblait plus du tout. Il vécut des mois et des mois de chirurgie et de réhabilitation des plus douloureuses. Il essuyait tout un revers, mais il prit la décision de ne jamais baisser les bras !

Il termina ses études et démarra une société qui ne tarda pas à prospérer au point de lui permettre d'acheter un avion privé qu'il se mit à piloter. Son avion devint sa passion, et il en vint à passer tous ses temps libres à voler. Un soir, en vol, le moteur de l'avion se mit à mal fonctionner. Il tenta de le poser d'urgence, mais il en perdit le contrôle et s'écrasa au sol. Lorsqu'il se réveilla, après avoir passé des mois dans le coma, il se retrouva paralysé de la taille jusqu'aux pieds ! Il s'assit dans son lit, regarda son corps et vit un homme brûlé qui était désormais paralysé et forcé de passer le reste de ses jours en fauteuil roulant. Il essuyait tout un revers, mais il prit la décision de ne pas baisser les bras !

Mitchell se mit alors à dire : « Vous ne pouvez pas contrôler ce qui vous arrive, mais vous pouvez contrôler ce que vous faites par rapport à ça. » Il continua de se battre pour réaliser son rêve et de faire la différence. Il se hissa au rang des meilleurs conférenciers spécialisé en motivation du monde entier. Il possède des maisons au Colorado, en Californie et à Hawaï. Il vit véritablement la vie à fond. Il vit la vie dont il parle. Ce qui compte, ce n'est pas ce qui vous arrive, c'est ce que vous faites par rapport à ce qui vous arrive.

Vous ne pouvez pas baisser les bras, vous devez continuer de vous battre. Vous devez vous faire à l'idée que d'abandonner la partie ne fait tout simplement pas partie de vos options. Cette détermination doit pénétrer toutes les fibres de votre être, vous devez l'avoir programmée au plus profond de votre être... non, baisser les bras n'est pas une option. J'ai entendu quelqu'un dire un jour : « Rien n'est plus fort qu'une pensée arrêtée. » Et je suis de cet avis. En arrêtant résolument votre pensée, vous créez une force puissante. Résolvez de devenir impossible à arrêter.

Malheureusement, la plupart des gens ne savent jamais vraiment à quoi se résoudre. Ils se disent qu'ils aimeraient peut-être faire quelque chose, mais ils n'ont pas vraiment résolu de le faire, et se font donc facilement ébranler par les défis et les circonstances. Suis-je en train de dire que, si vous déterminez de faire quelque chose, votre réussite est garantie ? NON ! Il n'existe aucune garantie dans la vie, mais je peux vous dire que, si vous abandonnez la partie, votre échec est assuré. Si vous souhaitez surmonter un revers et le changer en retour en force, vous devez résoudre à l'avance de ne pas baisser les bras ! Vous ne devez tout simplement pas baisser les bras !

De façon à surmonter les temps et les situations difficiles que la vie vous fait connaître, il est essentiel que vous déterminiez à l'avance de ne jamais abandonner la partie. Les gens qui ont tourné leurs revers à leur avantage s'étaient engagés à toujours continuer d'avancer, et avaient décidé que de baisser les bras n'était tout simplement pas une option. Ils sont allés au combat avec assurance, détermination et persévérance. Leur assurance a résulté de leur confiance en eux. Elle était liée à leur foi. Ils ont réalisé que la foi fait partie intégrante de toute histoire de réussite.

## Mandela ! Mandela !

*Lorsque les gens s'élèvent au-dessus des circonstances de leur vie et se servent de leurs problèmes pour s'obliger à se surpasser, ils accèdent à la grandeur.*
— NELSON MANDELA

Nelson Mandela est une légende de son temps et son histoire compte parmi celles qui illustrent le mieux la vie de quelqu'un qui a compris qu'un revers n'est que le tremplin d'un retour en force. Ce jeune avocat fut jeté en prison parce qu'il refusait d'accepter le système de l'apartheid en Afrique du Sud. Il resta prisonnier pendant vingt-sept ans et il se fit constamment offrir de se faire remettre en liberté s'il affirmait en public qu'il acceptait l'apartheid, ce qu'il ne cessa de refuser. Le gouvernement sud-africain lui offrit argent et privilèges, mais il les refusa. On finit par le libérer après vingt-sept ans, mais ce ne fut pas la fin de cet incroyable retour en force. D'abord, il contribua à orchestrer la chute de l'apartheid en Afrique du Sud, et quelques années plus tard il devint le premier président noir d'Afrique du Sud. De prisonnier à président! Ça alors, quelle façon de faire d'un revers le tremplin d'un retour en force!

### Sachez quand NON, c'est NON!

Il arrivera que vous essuyiez des revers lorsque des gens vous claqueront la porte au nez en vous disant «NON!» Eh bien, j'ai pour habitude de dire qu'un «NON» n'est qu'un «OUI» qui attend de se produire. Il arrive parfois que des gens vous disent «Non» parce qu'ils ne sont pas certains de savoir à quel point vous êtes sérieux. Il arrive parfois que les gens vous disent «Non» parce que c'est la chose la plus facile à dire. Les gens vous diront «Non» en pensant que vous baisserez les bras, ce qui suffira dans le cas de la plupart. Le gagnant ne se laisse cependant pas démonter par un «Non». Il comprend qu'un «Non» ne signifie pas que vous deviez baisser les bras, mais parfois que vous deviez tenter le coup de nouveau en vous y prenant différemment. Il comprend que la persévérance lui permettra de changer un «Non» en un «Oui», car la persévérance vient toujours à bout de la résistance! Qu'est-ce qu'un «Non»? Ce n'est qu'un «Oui» qui attend de se produire. Est-ce un revers de fortune? NONNNNN! C'est simplement le tremplin d'un retour en force!

La détermination est l'étape suivante. Beaucoup de gens confondent détermination et persévérance. Ils ont le sentiment qu'il s'agit de la même chose, mais elles sont très différentes. La persévérance est une action, la détermination est une attitude. La détermination est l'attitude qui vous permet de continuer d'avancer en dépit des problèmes, en dépit des défis. Au-dessus de mon bureau, j'ai une citation: «Le bouledog est une des créatures parmi les plus déterminées de la nature, et s'il a le nez incliné vers l'arrière, c'est pour lui permettre de continuer de respirer sans lâcher prise !» Nous devons imiter le bouledog et ne jamais lâcher prise. Faites preuve de confiance, de détermination et de persévérance, et apprenez à respirer sans lâcher prise !

J'aime faire savoir à mes auditoires que la clé de la réussite dans toute aventure consiste tout simplement à continuer d'aller de l'avant, à continuer d'essayer. Selon le vieil adage, «les gagnants n'abandonnent jamais et ceux qui abandonnent facilement ne gagnent jamais», et il y a une part de vérité dans cela. En réalité, bien souvent la seule chose qui différencie le gagnant du perdant, c'est que le gagnant continue d'essayer quoi qu'il lui en coûte. Il se peut qu'il n'ait pas plus de talent ni plus d'aptitude, mais le fait est qu'il continue d'aller de l'avant. Lorsque les choses se corsent, ils continuent d'avancer. Zig Ziglar dit toujours : «La différence entre le grand et le petit, c'est que le grand est un petit qui continue de grandir !» Je crois fermement que dans toute aventure la clé de la réussite réside dans le fait de s'engager à continuer, en fait, c'est primordial. Si vous avez la vision, vous aurez également de l'opposition, et c'est alors que vous devrez persévérer et ne jamais abandonner la partie !

> *Prenez du recul, respirez à fond, pleurez s'il le faut...*
> *mais relevez-vous ensuite et reprenez le combat.*
> —WILLIE JOLLEY

Mes amis, il nous arrive à tous d'être fatigués et d'avoir besoin de prendre du recul, mais les gagnants se remettent au combat rapidement et continuent de se battre jusqu'à ce qu'ils obtiennent ce qu'ils veulent. Ensuite, ils se préparent au prochain combat, car ils comprennent que la vie est un défi et que les revers font partie de ce défi. Qu'ils font partie de la vie ! Sachez que demain est un jour tout nouveau, et qui comporte de toutes nouvelles occasions. De même que ce jour nouveau, les gagnants réalisent qu'ils auront de nouveaux défis à relever, mais ils ont acquis le désir de faire face à chaque défi qui se présentera à eux. Les Écritures disent qu'à chaque jour suffit sa peine, et que demain prendra soin de lui-même. Occupez-vous d'aujourd'hui, et savourez la randonnée. Comme le dit mon ami Larry Winget: «Attendez-vous à ce qu'il y a de mieux, préparez-vous au pire et célébrez tout ça!»

## Démissionnez!

Mon fils et moi passions par là où je travaillais antérieurement. Mon fils, qui avait alors environ six ans, me demanda: «Papa, n'est-ce pas ici que tu travaillais?» Je lui répondis: «Oui, en effet.» Puis, il me demanda: «Papa, t'a-t-on licencié ou mis à pied?» Je lui répondis: «Non, fiston, j'ai démissionné!» Sur ce, ses yeux se remplirent de larmes et il me dit: «Papa, tu as dé-missionné? Tu as démissionné? Mais, papa, tu m'as dit de ne jamais abandonner, tu m'as dit que je ne devrais jamais, au grand jamais, abandonner. Et toi, tu démissionnes?» Et tandis que des larmes coulaient sur ses joues, je rangeai la voiture sur l'acco-tement, j'essuyai ses larmes et je lui dis: «William, je vais te donner une leçon de vie, mon fils. Tu vois, oui j'ai démissionné, mais pas parce que je renonçais! J'ai démissionné pour aller plus haut!» Mes amis, vous devez renoncer aux choses qui vous gardent au tapis, vous devez renoncer aux choses qui vous font froncer les sourcils, vous devez renoncer aux choses qui vous gardent liés. Comme le dit Rosita Perez: «Vous devez être prêt à sauter... et à vous laisser pousser des ailes dans votre chute!» Qu'y a-t-il dans votre vie que vous deviez «abandonner» afin d'aller plus haut? Il arrivera que vous deviez changer de direction et de stratégie pour réaliser votre rêve, mais vous ne devrez jamais cesser d'essayer. Rappelez-vous que la victoire appartient à ceux qui ne renoncent jamais à essayer.

## Étape 6 : Points à retenir

1. Passez à l'action, car la vision sans action est un souhait, et les souhaits sont dénués de substance.

2. Le travail acharné fonctionne !

3. Sans ambition, on ne démarre rien, et sans travail acharné, on ne finit rien.

4. Ce qui compte, ce n'est pas ce qui vous arrive, c'est ce que vous faites par rapport à ce qui vous arrive.

5. Un « NON » n'est qu'un « OUI » qui attend de se produire.

6. La persévérance vient toujours à bout de la résistance.

7. Imitez le bouledog, apprenez à respirer sans lâcher prise.

8. Attendez-vous à ce qu'il y a de mieux, préparez-vous au pire et célébrez tout ça !

9. Rien n'est plus fort qu'une pensée arrêtée, alors arrêtez votre pensée.

10. Renoncez aux choses qui vous gardent au tapis, qui vous gardent liés et qui vous font froncer les sourcils.

# ÉTAPE 7

# Se responsabiliser : Faites face, retracez, effacez, remplacez !

*Il se peut que vous ne soyez pas responsable de vous être fait envoyer au tapis, mais vous êtes responsable de vous remettre sur pied !*

Dans le processus qui consiste à changer un revers en retour en force, il s'agit ensuite d'endosser la responsabilité de faire face, de retracer, d'effacer et de remplacer. Que vous ayez causé le revers ou qu'il vous ait été imposé, vous devez vous responsabiliser, si vous souhaitez le changer en retour en force ! Pourquoi ? Parce qu'il s'agit de *votre vie, et que vous devez endosser la responsabilité de votre vie !*

Je sais que certains revers de fortune sont si pénibles et si injustes que vous voudrez aller vous cacher en prenant vos jambes à votre cou. Mais vous devez comprendre qu'au bout du compte le revers auquel vous faites face relève de votre responsabilité, car notre façon de composer avec les revers détermine finalement la direction que prendra notre vie. Il se peut que nous ne puissions ni contrôler ni choisir les circonstances de notre vie, mais nous pouvons choisir la manière dont nous composons avec elles. Madame Doris DeBoe, dont j'ai parlé dans mes livres précédents, et qui a survécu quatre fois au cancer, en est la preuve vivante. Elle ne peut rien contre le fait que le cancer continue de faire surface dans sa vie, mais elle a décidé de gagner en dépit du cancer. Son dicton préféré est le suivant : « Il se peut que j'aie le cancer, mais le cancer ne m'a pas ! » Elle a décidé consciemment d'endosser la responsabilité de ses défis, peu importe sous quelle forme ils se présentent à elle, et elle a résolu de gagner et d'avoir raison du cancer à quatre reprises. Nous devons jouer la partie de la vie avec la donne que nous avons reçue et apprendre à gagner avec elle.

Certains revers de fortune sont des choses qui nous arrivent et qui échappent à notre volonté, mais d'autres revers sont souvent les résultats de nos choix. Nous participons à la création de certains de nos revers de fortune. Autrement dit, nous «gâchons les choses» et nous nous créons «nos propres» revers. Il nous arrive à tous parfois de manquer de jugement, de faire des erreurs, de faire des choix qui laissent à désirer et de nous créer nos propres revers. J'ignore si c'est votre cas, mais j'ai déjà fait des choses qui n'avaient ni queue ni tête et qui m'ont occasionné des revers. Je n'avais pas l'intention de me causer des problèmes, mais je me suis néanmoins créé des revers, et il me revenait de les surmonter.

Si par nos erreurs de jugement nous nous attirons un revers, nous devons être prêts à accepter le fait que nous faisons partie du problème, et que nous devons donc faire partie de la solution. Nous devons nous responsabiliser, faire face à la situation, nous dire : «J'ai fait une erreur» et faire le nécessaire pour redresser la situation. Un des meilleurs exemples de personne qui a fait une erreur, mais qui s'est ensuite responsabilisée et qui l'a changée en retour en force, c'est Vanessa Williams. Elle a compris qu'on pouvait très bien changer un revers en retour en force si on est disposé à y faire face, à le retracer, à l'effacer, à le remplacer et à se responsabiliser.

Vanessa Williams marqua l'Histoire en 1984, lorsqu'elle devint la première Afro-Américaine à être couronnée Miss Amérique, mais moins d'un an après, cette couronne lui fut enlevée parce qu'on avait découvert qu'elle s'était fait photographier nue durant ses études universitaires. C'était une erreur. Un exemple de mauvais jugement qui revenait la hanter. Ce fut pour elle un revers dévastateur à essuyer. Elle perdit sa couronne et son image de «la fille d'à-côté».

Elle était déçue, embarrassée et humiliée, mais elle n'était pas du genre à abandonner facilement. Elle disparut pendant quelque temps, et beaucoup de gens crurent que ce serait la fin de Vanessa Williams, mais ils se trompaient. Elle revint plus forte que jamais, et nous montra qu'un revers n'est réellement que le tremplin d'un retour en force.

Que fit-elle pour changer son revers en retour en force? La première chose qu'elle fit fut de prier, car elle se disait: «Quand on prie, on trouve la réponse.» Deuxièmement, elle prit la décision de s'accrocher à ses rêves et de ne jamais abandonner la partie. Troisièmement, elle se rendit compte qu'elle avait encore du talent, alors elle travailla avec acharnement à faire la preuve de ses talents de chanteuse et de comédienne. Elle se mit à enregistrer de merveilleuses chansons d'amour dont la chanson thème du film *Pocahontas,* qui lui valut un Academy Award pour son interprétation. Elle passa ensuite à la télévision et au théâtre, allant jusqu'à gagner la faveur des critiques en jouant le rôle vedette sur Broadway dans la pièce à grand succès *Kiss of the Spider Woman.*

Elle fit ensuite du cinéma. Elle commença par de petits rôles, mais on en vint rapidement à réaliser qu'elle avait tout de l'actrice, ce qui fait qu'elle devint une superstar du grand écran. Elle joua même dans un film avec Arnold Schwarzenegger, qui lui dit: «Tu n'es pas simplement une survivante, tu es quelqu'un qui grandit. Tu as montré au monde entier que tu n'étais pas juste un joli visage, mais que tu avais du cran, du courage et de la persévérance. Tu as fait un retour en force et tu nous as prouvé que tu étais véritablement une gagnante!»

Vanessa Williams nous a montré qu'il nous arrive à tous de faire des erreurs, et que par elles nous nous créons des revers. Mais on peut arriver à surmonter même ces revers, si l'on est prêt à se responsabiliser.

Dans le *Petit Robert,* on définit la «responsabilité» comme l'obligation ou la nécessité morale, intellectuelle, de réparer une faute, de remplir un devoir, un engagement. Selon moi, la responsabilité constitue également la nécessité de composer avec la situation avec compétence, avec toutes nos aptitudes.

En fait, vous devez composer avec toutes vos aptitudes innées. J'ai mentionné Keith Harrell plus tôt dans le présent livre concernant son «attitude superfantastique»! Il m'a raconté qu'un jour il descendait d'avion, en route vers une conférence, et que quelqu'un lui avait demandé: «Jouez-vous avec la NBA?» (Keith fait 2,04 mètres et était joueur de basketball à l'université). Il s'était arrêté, avait regardé la personne dans les yeux et lui avait répondu: «Oui! Je joue avec la NBA... Je joue avec mes aptitudes innées*, et je marque des paniers chaque jour!» Vous aussi, vous devez composer avec la vie à l'aide de vos aptitudes innées. Vous devez disputer le match de la vie avec tout ce que vous avez, avec autant d'acharnement que possible et endosser la responsabilité de votre réussite ou de votre échec.

## Étapes à franchir pour agir avec aptitude

Pour vous responsabiliser et agir avec vos aptitudes innées, vous devez franchir quatre étapes, qui sont:

### Faites face à la situation!

*Faites face à vos problèmes en les reconnaissant, mais ne les laissez pas se rendre maîtres de vous!*
—HELEN KELLER

La première chose que je fais par rapport à un revers, à un problème, à une difficulté dans la vie, c'est de faire face à la situation et de reconnaître que j'ai un problème. Le fait de le reconnaître constitue la première étape de la résolution. Si vous

---

* NDT: La NBA est la National Basketball Association. Mais l'auteur fait ici un jeu de mots avec Natural Born Abilities (aptitudes innées).

imitez l'autruche en vous mettant la tête dans le sable, il se peut que vous échappiez à quelques problèmes, mais beaucoup d'occasions vous échapperont aussi.

À moins de reconnaître le problème, vous ne pourrez pas le résoudre. C'est comme la dame qui ne voulait pas reconnaître que ses factures excédaient son revenu, si bien qu'elle s'est mise à ranger les factures dans un tiroir de sa commode et à les y oublier. Elle s'imaginait qu'elles disparaîtraient. FAUX ! Vous devez être prêt à faire face à votre revers, si vous voulez le changer en retour en force.

La première étape à franchir pour se remettre de quoi que ce soit consiste à admettre d'abord qu'on a un problème. Il peut s'agir d'un problème de drogue, d'un problème d'alcool, d'un problème sexuel, ou encore de la perte d'un emploi ou d'un être cher. Vous devez faire face à la situation, pour pouvoir ensuite examiner vos options, prendre des décisions judicieuses, entreprendre les actions qui s'imposent et aller de l'avant. Rappelez-vous que, partout où il y a des défis à relever, il y a toujours des occasions à saisir.

Après avoir reconnu que j'ai un problème, la prochaine chose que je fais, c'est de prier. Je vous ai dit antérieurement que, quand j'ai un revers, je prends toujours une minute pour prier afin d'obtenir sagesse et courage. Je prie pour avoir la sagesse de savoir quoi faire, et le courage d'être assez fort pour faire le nécessaire. Et je ne prie pas toujours pour que Dieu règle le problème, mais plutôt pour qu'il m'aide à faire face à la situation, car je sais que, si je peux y faire face, alors il peut m'aider à la régler ! Après avoir prié, je sais que l'heure est venue de passer à l'action, car la prière et l'action vont de pair. Priez d'abord, ensuite lancez-vous résolument à la poursuite de votre but jusqu'à ce que quelque chose se produise. Vous devez passer à l'action. Les Écritures disent : « La foi sans les œuvres est morte. » La foi doit se manifester dans l'action. Par conséquent, vous devriez prier comme si tout dépendait de Dieu, et travailler comme si tout dépendait de vous !

### *Découvrez votre force !*

Cindy Jones est un autre exemple formidable de la capacité de faire face à un revers et d'aller de l'avant jusqu'à le changer en retour en force. En 1962, lorsque Cindy Jones était femme de ménage et âgée de 26 ans, son mari partit travailler un matin et ne rentra jamais à la maison. L'hôpital l'informa par téléphone que son mari avait perdu la vie dans un accident de voiture. Elle était dévastée. Elle avait le cœur brisé et ses rêves venaient de voler en éclats. Un silence accablant envahit alors sa vie.

Quatre jours plus tard, elle se rendit à l'hôpital et donna naissance à son deuxième fils. Elle avait l'impression de vivre sa vie « dans un ordre anormal ». Les enfants sont censés naître bien longtemps avant que les pères meurent. Les nouvelles mères sont censées avoir un papa à leur côté pour les aider. En un court laps de temps, sa famille était passée de deux parents et un enfant à un parent et deux enfants.

Elle était consumée par la peur ! La peur d'avancer, la peur de sa douleur incessante que rien ne pouvait soulager. Rien ne semblait plus sûr ni fiable. Mais elle en vint à réaliser qu'elle devait faire face à la situation ; elle ne pouvait pas simplement se dégonfler ! Étant seule à pourvoir à la subsistance de deux enfants, elle avait besoin d'une carrière et d'une rémunération régulière. Elle devait faire face à la situation, et c'est exactement ce qu'elle fit.

Elle résolut de jouer un rôle actif dans la reconstruction de sa vie plutôt que de laisser les choses se produire par hasard. Elle voulut veiller à ce que sa vie représente ce qu'elle avait de meilleur en elle. Cela l'obligea à regarder au fond d'elle-même, à découvrir ce qui la rendait unique, ses propres aptitudes et attributs particuliers, de même que ses forces et ses talents innés.

Quelques mois après la mort de son mari, elle prit l'argent qu'ils avaient épargné en vue de l'achat d'une nouvelle maison et retourna aux études, afin d'obtenir un diplôme en enseignement. En plein deuil, cette mère de deux enfants commença ses cours par une journée froide de janvier à l'université de l'État du Michigan. Sa première journée de cours fut extrêmement pénible et la fit se sentir très seule. Elle se démena de toutes ses forces pour repousser sa douleur. Elle pria afin d'avoir la force de continuer de faire face à sa situation.

Elle devint par la suite une très bonne enseignante, puis une conférencière sur la scène nationale et la présidente de sa propre société de consultants. Elle fit face à ses problèmes et parvint à s'élever au-dessus des circonstances de sa vie jusqu'à surmonter les défis qui se présentaient à elle, même si au début les choses se présentaient plutôt mal pour elle et que sa vie lui semblait brisée. Elle découvrit que l'attrait de l'avenir était beaucoup plus puissant que l'attrait du passé. Finalement, elle dit avoir appris que la vie ressemblait beaucoup à une bicyclette à dix vitesses : nous avons souvent des vitesses que nous n'utilisons jamais à moins d'y être contraints. Nous pouvons tous nous mettre à utiliser toutes nos vitesses peu importe où nous nous trouvons, peu importe quels défis nous devons relever, mais nous devons d'abord faire face à la situation.

### Retracez la situation

Quelle est la source du problème et quelle leçon pouvez-vous tirer de l'expérience ? Pour retracer la situation, vous devez regarder en arrière, et voir quelle leçon vous pouvez tirer du revers, et si vous avez contribué d'une manière ou d'une autre à créer le problème. Y a-t-il quelque chose que vous auriez pu faire différemment ? Le cas échéant, vous avez une leçon à tirer de cette situation afin de ne pas faire la même erreur deux fois (la première fois, c'est une erreur, la deuxième fois, c'est stupide). Cela se produit parfois dans les relations. Beaucoup de gens essuient un revers dans leur relation amoureuse et refont ensuite exactement la même chose dans la relation suivante. D'autres se font blesser, et vont à l'extrême opposé. Ils renoncent complètement à aimer et à être en relation.

Nous devrions tirer des leçons de nos expériences passées, et ne pas renoncer à être en relation. Il suffit d'user d'un meilleur jugement et d'une plus grande sagesse dans nos décisions à venir. Il y a une vieille histoire au sujet d'un petit garçon qui, venant de humer les brioches fraîchement sorties du four, se rend à la cuisine et toucha à la plaque, qui était encore chaude. Il se brûla la main et ne toucha jamais plus de plaques, chaudes ou froides, et ne mangea plus jamais de brioches parce qu'il craignait de se brûler la main.

La sagesse suggérerait que, la prochaine fois qu'il humerait des brioches et voudrait en manger une toute chaude, il testerait la plaque avant de la toucher, ou il se saisirait d'un sous-plat ou d'une mitaine pour le four, afin d'éviter de se brûler la main, plutôt que de renoncer à manger des brioches. Nous devons tirer des leçons de nos expériences passées, sans pour autant jeter le bébé avec l'eau du bain. Ne renoncez pas à des gens ou à des relations parce que vous vous êtes fait brûler par certaines personnes ou dans certaines relations. Ne cessez pas de jouir de la vie parce que le chemin est légèrement cahoteux. La vie est faite pour être vécue, et non pour qu'on l'évite parce qu'elle nous fait peur ! Et la plus grande erreur qu'une personne puisse faire, c'est d'avoir tellement peur de faire une erreur qu'elle ne fera rien ! Faire une erreur n'a rien de répréhensible ; il suffit d'en tirer des leçons !

Un reporter a demandé ce qui suit à un banquier :

« Monsieur, quel est le secret de votre réussite ? »

« Deux mots. »

« Et, monsieur, quels sont-ils ? »

« Bonnes décisions. »

« Et comment prendre les bonnes décisions ? »

« Un mot. »

« Et, monsieur, quel est-il ? »

« Expérience. »

« Et comment acquérir de l'expérience ? »

« Habituellement… c'est en prenant de mauvaises décisions, si vous en tirez des leçons. Voilà ce qui fait acquérir de l'expérience. »

Les gens qui connaissent la réussite tirent des leçons de leurs erreurs passées et s'adaptent en vue de l'avenir. À moins d'agir de la sorte, vous risquez de créer un cycle d'erreurs, qui vous amènera à vous en vouloir sans cesse. Cela vous conduira à avoir une moins bonne estime de vous, ce qui vous conduira à avoir une perception négative de vous-même et de vos décisions, ce qui vous conduira à prendre encore de mauvaises décisions. Chemin faisant, vous recommencerez un cycle marqué par un discours intérieur plus négatif encore, une estime de soi plus faible encore et des décisions plus mauvaises encore. METTEZ FIN À CETTE FOLIE! Si vous faites une erreur, tant pis! Tirez-en une leçon et passez à autre chose.

### Effacez la situation!

Vous avez retracé le problème et vous y avez fait face, il vous reste donc à l'effacer. Ne vous y attardez pas, et ne vous en voulez pas. Tirez des leçons de votre erreur, engagez-vous à faire mieux dans l'avenir et lâchez prise! Nous faisons tous des erreurs, voilà pourquoi on met des gommes au bout des crayons et des touches d'effacement sur les claviers d'ordinateurs. Comme le dit l'ancien adage: «L'expérience est le meilleur des enseignants... mais l'expérience résulte habituellement des erreurs!» Pardonnez-vous à vous-même et passez à autre chose.

Il existe deux types d'erreurs: celles qui enseignent et celles qui détruisent. Nous pouvons considérer une erreur soit comme une expérience d'apprentissage, soit comme un coup de fusil mortel. Nous pouvons la percevoir soit comme notre professeur, soit comme notre entrepreneur des pompes funèbres. À nous de choisir! Je vous recommande d'en faire votre professeur. Permettez à vos erreurs de vous amener à vous surpasser, en élargissant vos horizons. Les erreurs font partie de la vie et elles peuvent se révéler des outils d'apprentissage formidables; mais rappelez-vous que la plus grande erreur consiste à essayer de ne pas faire d'erreurs, car en agissant de la sorte vos efforts sont voués à l'échec! Comme Edison l'a dit: «Je n'ai pas échoué dix mille fois en créant l'ampoule électrique; j'ai trouvé dix mille nouvelles façons de la créer qui n'ont pas fonctionné!» Par ailleurs, Albert Einstein a dit: «Ce n'est pas un échec, si vous en tirez des leçons!»

Aucun grand personnage n'est devenu grand sans faire d'erreurs. Les erreurs font partie de la croissance et sont essentielles à la réussite. Vous ne pouvez rien changer à ce qui s'est produit dans le passé, mais vous pouvez régler certaines des choses que vous avez faites par le passé. Un moyen d'effacer le problème consiste à revenir dessus et à régler ce qui vous tracasse dans ce problème, pour pouvoir ensuite passer à autre chose. Si vous avez blessé quelqu'un dans le passé et que ce souvenir vous dérange encore, retournez voir cette personne et demandez-lui pardon. Si vous avez emprunté de l'argent à quelqu'un, remboursez-le-lui. Corrigez vos erreurs du mieux que vous le pouvez, tirez des leçons de vos expériences et passez à autre chose. Si vous devez faire un retour en arrière pour régler quelque chose, faites-le. Vous n'êtes pas obligé de ruminer, il vous suffit de régler la chose et de passer à autre chose !

**Remplacez la situation**

Une fois que vous avez fait face à la situation, que vous l'avez retracée et effacée, il vous reste à la remplacer. En effet, il y aura des gens, des lieux et des choses dans votre vie qui vous supplieront de les remplacer. Faites-leur une faveur et accordez-leur ce qu'ils vous demandent ; laissez-les tranquilles et remplacez-les. Remplacez l'élément négatif par un élément positif, et optez pour un lieu paisible, la poursuite de votre destinée et la passion. Prenez une décision, choisissez d'être positif et concentrez-vous sur le positif plutôt que sur le négatif.

Modifiez votre discours intérieur. Ne vous accablez pas de remords. Engagez-vous à changer ce que vous vous dites à vous-même. Finis les propos négatifs ! Votre discours intérieur influe sur votre image de vous-même, qui influe sur votre conduite, qui influe sur votre discours intérieur, et ainsi le cycle se perpétue.

## Flattez-vous !

Pour changer votre vie, vous devez changer votre communication et résoudre de vous tenir des propos positifs. Flattez-vous, et donnez une tournure positive et favorable à votre vie par votre discours intérieur; les paroles ont du pouvoir. Les bâtons et les pierres peuvent vous briser les os… mais les paroles peuvent vous briser l'esprit. Faites attention à ce que vous vous permettez de dire, à vous-même et aux autres. D'abord, parlez-vous avec «bonté»! Dites-vous toujours de bonnes choses et dites toujours du bien de vous! Aimez-vous vous-même et soyez disposé à vous dire que vous vous aimez.

Je conseille toujours à mes élèves de prendre soin de s'aimer eux-mêmes, en veillant toutefois à ne pas tomber dans le piège de la vanité. Je me souviens, quand j'étais jeune, avoir entendu des filles se dire les unes les autres: «Tu te crois mignonne», et elles niaient se trouver elles-mêmes mignonnes. En vieillissant, j'ai repensé à cela et j'en suis venu à la conclusion qu'il était ridicule de nier la possibilité d'être mignon. Vous devez vous trouver mignon; c'est beaucoup plus gentil que de vous trouver laid. N'acceptez jamais l'opinion de quelqu'un qui vous rabaisse. Si Dieu vous a créé tel que vous êtes, c'est que vous êtes beau. Voilà tout!

Afin de faire d'un revers le tremplin d'un retour en force, vous devez vous responsabiliser et agir en conséquence en faisant bon usage de vos aptitudes innées. Vous devez voir que tout fardeau s'accompagne d'une bénédiction, et que toute bénédiction s'accompagne d'un fardeau. Un fardeau de responsabilité, celui de retracer la situation, d'y faire face, de l'effacer et de la remplacer. Essayez-le, et vous ne ferez pas simplement que la traverser, mais encore vous en sortirez grandi.

## Étape 7 : Points à retenir

1. Il se peut que vous ne soyez pas responsable de vous être fait envoyer au tapis, mais vous êtes responsable de vous remettre sur pied!

2. Agissez en faisant bon usage de vos aptitudes innées.

3. Faites face à la situation : reconnaissez le problème et priez non seulement pour réussir à le régler, mais encore pour vous aider à y faire face.

4. Retracez la situation : examinez le problème et cherchez à voir si vous avez contribué d'une manière ou d'une autre à créer ce problème.

5. Tirez des leçons du problème : une fois, c'est une erreur... deux fois, c'est stupide.

6. Effacez la situation : ne ruminez pas le problème. Pardonnez-vous à vous-même et passez à autre chose.

7. Remplacez la situation : changez vos expériences et vos informations négatives contre des expériences et des informations positives.

8. Lancez-vous résolument à la poursuite de votre but jusqu'à ce que quelque chose se produise.

9. Responsabilisez-vous : si la chose peut s'accomplir, alors il faut l'accomplir.

10. Modifiez votre discours intérieur : flattez-vous et faites-vous du bien par les propos que vous vous tenez à vous-même.

## Quatrième partie
# LE POUVOIR DU DÉSIR

L e dernier élément de la formule VDAD est le désir. Il s'avère absolument nécessaire, si l'on souhaite changer ses revers en retours en force. Quand on entend le mot «désir», on pense habituellement à des choses pour lesquelles on meurt d'envie, mais le désir est loin de se limiter à cela. Oui, il est vrai que le désir inclut dans sa définition de fortes envies et le fait de satisfaire un appétit. Le désir inclut également les choses qui vous font vraiment envie, et le degré d'intensité que vous êtes prêt à exercer afin d'atteindre le but que vous vous êtes fixé... ou le degré d'énergie que vous êtes prêt à dépenser pour atteindre votre but. Autrement dit, dans quelle mesure voulez-vous atteindre votre but et qu'êtes-vous prêt à faire pour le réaliser ?

Vous devez vouloir faire de votre revers le tremplin de votre retour en force, et le vouloir à tout prix. Dans quelle mesure voulez-vous faire de votre revers le tremplin de votre retour en force ? Quand je pose cette question dans le cadre de mes émissions, j'obtiens toujours la même réponse : «Je le veux vraiment !» OK ! mais «vraiment», cela veut dire jusqu'à quel point ? Le fait de «vraiment» désirer quelque chose s'exprime à différents niveaux.

Vous êtes-vous déjà réveillé tard en soirée avec l'envie de boire une boisson gazeuse ? Nous avons probablement tous eu cette envie un jour ou l'autre dans la vie. Imaginez un gars qui se réveille vers minuit et se dit : «J'ai envie d'une boisson gazeuse, j'en ai vraiment envie !» Le gars se rend au frigo et y jette un coup d'œil, mais il n'y trouve aucune boisson gazeuse. Il se rend à la fenêtre, lève le store et voit qu'il neige. Il retourne au frigo et y regarde de nouveau, mais en vain, ce qui fait qu'il se résigne à se verser un verre d'eau et se remet au lit... c'est donc dire qu'il n'avait pas si envie que ça d'une boisson gazeuse !

Un autre gars se réveille vers minuit et se dit : «J'ai envie d'une boisson gazeuse, j'en ai vraiment envie.» Le gars se rend au frigo et y jette un coup d'œil, mais il n'y trouve aucune boisson gazeuse. Il se rend à la fenêtre, lève le store et voit qu'il neige. Il met son chapeau, ses gants et ses bottes, puis se rend à pied jusqu'au magasin de proximité situé à quelques pâtés de maison, mais il est fermé! Alors il rentre à la maison et se contente d'un verre de jus d'orange, car il n'avait pas si envie que ça d'une boisson gazeuse!

Un autre gars se réveille vers minuit et se dit: «J'ai envie d'une boisson gazeuse, j'en ai vraiment envie.» Le gars se rend au frigo et y jette un coup d'œil, mais il n'y trouve aucune boisson gazeuse. Il se rend à la fenêtre, lève le store et voit qu'il neige. Il met son chapeau, ses gants et ses bottes, puis se rend à pied jusqu'au magasin de proximité situé à quelques pâtés de maison, mais il est fermé! Alors il marche quelques pâtés de maison de plus pour se rendre à l'épicerie, mais elle est également fermée! Il marche ensuite jusqu'à la station-service, où il y a un distributeur automatique de boissons gazeuses, mais il est vide... ce qui fait qu'il poursuit son chemin à la recherche d'une boisson gazeuse, et il poursuit son chemin, puis il le poursuit encore, jusqu'à ce qu'il trouve une boisson gazeuse! Vous imaginez-vous si vous étiez prêt à aller aussi loin pour obtenir une boisson gazeuse, combien plus loin encore seriez-vous prêt à aller pour réaliser vos rêves? Voilà une question à laquelle vous êtes seul à pouvoir répondre! Dans quelle mesure le voulez-vous?

Le désir se divise en trois parties:

Les désirs de votre cœur, qui sont déterminés par votre foi;

Les désirs de votre esprit, votre degré de concentration et votre détermination à atteindre vos objectifs;

Les désirs de votre âme, qui correspondent à votre perspicacité et à votre attitude par rapport à votre revers, ainsi qu'à quel point vous souhaitez faire de ce revers le tremplin de votre retour en force.

Commençons par les désirs de votre cœur, qui sont déterminés par votre foi, car il est absolument nécessaire de posséder la foi si vous voulez réussir à changer un revers en retour en force!

# ÉTAPE 8

## Ayez la foi! Vous êtes béni et très privilégié!

*Si tu peux!... Tout est possible à celui qui croit.*
—MARC 9.23

*Celui qui perd de l'argent perd beaucoup.*
*Celui qui perd un ami perd plus.*
*Celui qui perd la foi perd tout.*
*Nous traversons la vie avec une série d'occasions*
*que Dieu a prescrites, et qui sont brillamment*
*déguisées en défis.*
—CHARLES UDALL

J e suis d'avis que tous les chapitres du présent livre sont importants, mais je crois que celui-ci est vraiment le plus important de tous, car la foi joue un rôle primordial dans tout effort pour faire d'un revers le tremplin d'un retour en force. La foi est cruciale en ce sens qu'elle procure l'espoir, et l'espoir procure une perspective optimiste de l'avenir, et avec une perspective optimiste de l'avenir, nous sommes plus en mesure d'avancer malgré les temps difficiles. Si nous parvenons à avancer malgré les temps difficiles, nous parviendrons chaque fois avec efficacité à faire de nos revers les tremplins de nos retours en force.

La foi nous procure de l'espoir, et la foi nous procure également de la force. Il s'agit d'une source de pouvoir qui nous permet de continuer d'avancer, surtout dans des temps difficiles.

Par ailleurs, étant donné que nous en sommes venus à comprendre qu'il nous arrive à tous de traverser des temps difficiles, nous avons besoin de la foi. Vous avez besoin de la foi, mais où est votre foi ?

Vous voyez, tout le monde a la foi, c'est seulement que certains l'ont malheureusement égarée. Je sais que tout le monde a la foi parce que j'ai observé des gens en train de vaquer à leurs occupations quotidiennes. J'ai vu la manière dont ils appliquent leur foi. Comme la personne qui entre dans un restaurant, se tire une chaise et s'y assoit, sans s'assurer que la chaise pourra supporter son poids. Elle croit que la chaise pourra faire ce pour quoi elle a été fabriquée. Ou encore comme les gens qui montent à bord d'un avion et vont s'asseoir à leur place, sans demander à voir le pilote ni à vérifier son permis. Nous croyons que l'avion ne peut avoir pour pilote qu'une personne qualifiée et expérimentée. Voici un autre exemple : si quelqu'un décroche un emploi et travaille pendant deux semaines ou même un mois sans recevoir la moindre rémunération de la part de son employeur, c'est parce qu'il croit qu'il sera rémunéré au temps convenu et que son chèque de paie sera valable. La foi ! Tout le monde a la foi !

Oui, tout le monde doit avoir la foi pour exister dans le monde tel que nous le connaissons. Mais où est votre foi ? Voilà une question puissante à laquelle vous devez répondre, si vous avez un revers à changer en retour en force. Où la réponse se trouve-t-elle ? Réside-t-elle dans le problème ou dans la solution au problème ? Réside-t-elle dans les circonstances actuelles ou dans les possibilités à venir ? Réside-t-elle dans vos peurs ou dans votre foi ? Réside-t-elle dans la loi de Murphy ou dans les promesses de Dieu ? Où est votre foi ? Je vous encourage à avoir foi en un Dieu qui vous aidera à comprendre qu'il se servira du mal que d'autres vous font pour vous faire du bien. Ayez foi en un Dieu qui peut vraiment vous aider à voir qu'un revers n'est réellement que le tremplin d'un retour en force.

## Joseph et la tunique multicolore

L'histoire biblique de Joseph compte probablement parmi les meilleures histoires jamais racontées au sujet d'un revers de fortune transformé en retour en force. Joseph était un jeune rêveur. Il était le fils préféré de son père, ce qui lui valut d'obtenir en cadeau de ce dernier une tunique multicolore. Joseph avait pour habitude de raconter ses rêves à ses frères, ce qui suscitait leur haine parce que dans ses rêves il s'élevait toujours au-dessus d'eux. Un jour, ils décidèrent de se débarrasser de ce « faiseur de songes » une bonne fois pour toutes. Tandis que Joseph se rendait au champ, ses frères se saisirent de lui et le jetèrent dans une citerne profonde. Ils avaient projeté de le tuer, ce qui fait qu'ils prirent sa tunique multicolore, la plongèrent dans le sang d'un animal, afin de pouvoir la ramener à leur père et lui dire que Joseph avait été tué par un animal sauvage. Tandis que ses frères cherchaient le meilleur moyen de le tuer, une caravane de marchands passa par là, et ils décidèrent de lui vendre Joseph. C'était tout un revers de fortune que Joseph essuyait là.

Les marchands emmenèrent Joseph jusqu'en Égypte, où ils le vendirent à Potiphar, un officier du pharaon. Joseph s'épanouit en tant qu'assistant de Potiphar, et tout ce qu'il touchait lui réussissait. Il ne tarda pas à se faire nommer responsable d'administrer toutes les affaires de Potiphar et à devenir son serviteur préféré, mais des ennuis pointaient à l'horizon.

La femme de Potiphar s'intéressait à Joseph du point de vue romantique, et s'efforçait sans cesse de le séduire et de l'attirer dans son lit. Joseph repoussait continuellement ses avances, mais un jour que tout le monde se trouvait hors de la maison, elle saisit Joseph par son vêtement et insista pour qu'il couche avec elle. Il s'enfuit à la course et elle en fut embarrassée, alors elle se mit à hurler et à accuser Joseph d'avoir tenté de la violer. Potiphar la crut et jeta Joseph en prison. C'était un autre revers à essuyer pour Joseph, mais Dieu savait qu'un retour en force se préparait !

Derrière les barreaux, Joseph se lia d'amitié avec le chef de la prison, qui en fit son administrateur principal. Le chef de la prison le chargea de surveiller tous les autres prisonniers. Joseph se lia alors d'amitié avec deux autres prisonniers provenant du palais, le chef des échansons et le chef des panetiers. Une nuit, les deux firent chacun un rêve dont ils ne saisissaient pas la signification, si bien qu'ils demandèrent à Joseph d'interpréter leurs rêves. Joseph indiqua alors à l'échanson qu'il allait être rétabli dans sa charge auprès du pharaon. Tout enthousiasmé de ce qu'il venait d'entendre, le panetier demanda à Joseph de lui expliquer son rêve. C'est alors que celui-ci lui indiqua que son rêve voulait dire qu'il allait être tué. Or, les prédictions de Joseph se réalisèrent toutes les deux. Le chef des échansons promit à Joseph qu'il allait se souvenir de lui lorsqu'il serait de retour dans la maison du pharaon et qu'il le ferait sortir de prison, mais ce ne fut pas le cas. Encore un autre revers à essuyer pour Joseph.

Pourtant, Joseph ne perdit jamais la foi. Il se disait que quelque chose de bon sortirait de toute cette malchance. Il continua de voir un revers comme rien d'autre que le tremplin d'un retour en force. Quelques années plus tard, le pharaon fit un rêve qu'aucun membre de sa cour ne sut interpréter, c'est alors que le chef des échansons se souvint de Joseph. Le pharaon l'envoya chercher et lui raconta ses rêves. Joseph put non seulement interpréter ses rêves, mais encore lui fournir un plan d'action qui lui permettrait de relever avec succès les défis qui l'attendaient. Le roi se prit d'une telle admiration pour Joseph et sa foi qu'il en fit son bras droit. En peu de temps, Joseph se fit promouvoir au poste de directeur de toutes les activités administratives d'Égypte, devenant ainsi le commandant de tout le pays, n'ayant que le pharaon au-dessus de lui. À trente ans, Joseph devint ainsi la deuxième personne la plus puissante d'Égypte, et le maître de l'allocation de toutes les propriétés et de tous les produits du pays.

Joseph avait prédit sept années de vaches grasses qui devaient être suivies de sept années de vaches maigres, ce qui fait qu'il ordonna aux Égyptiens d'engranger de la nourriture et des produits au cours des sept années de vaches grasses en prévision des sept années de vaches maigres. Durant les sept années de vaches grasses, Joseph continua de grandir en stature, de même qu'en foi. À la suite des sept années de vaches grasses, survint une famine, mais les Égyptiens eurent amplement de quoi subvenir à leur subsistance grâce au plan de Joseph. Les gens des pays voisins furent par contre très affectés par la famine et beaucoup d'entre eux risquaient de mourir de faim. Les frères de Joseph entendirent dire alors qu'il y avait de la nourriture en Égypte et décidèrent donc de s'y rendre pour essayer de s'en procurer.

À l'époque, Joseph était gouverneur de toute l'Égypte. Il était responsable de la vente du blé, ce qui fait que ses frères furent obligés de venir se prosterner devant lui pour lui demander du blé. Joseph les reconnut, mais ses frères ne le reconnurent pas. Il les interrogea et découvrit ainsi que son père et son petit frère étaient toujours vivants et se portaient bien. Il finit par leur dire qui il était, et leur demanda d'aller chercher leur père et d'amener leurs familles en Égypte afin qu'elles puissent y trouver de quoi se nourrir et survivre à la famine.

Joseph leur pardonna de l'avoir vendu en esclavage, car il déclara que c'était en raison de cela qu'il avait pu en venir à leur sauver la vie. Il leur dit que le mal qu'ils avaient voulu lui faire, Dieu l'avait changé en bien. Il leur montra qu'un revers n'est que le tremplin d'un retour en force, mais vous devez avoir la foi.

Je suis d'avis que, pour vraiment parvenir à surmonter vos problèmes, vous devez avoir la foi. La foi en un Dieu qui ne vous délaissera et ne vous abandonnera jamais. Cette histoire compte parmi mes préférées quand il s'agit d'illustrer le fait qu'on n'est jamais seul si l'on a la foi.

## Le médecin de campagne

Il était une fois un vieux médecin de campagne qui vivait dans une région rurale. Il allait d'une ferme à l'autre, pour prendre soin des gens malades. Un jour, au beau milieu de l'été, sa voiture tomba en panne et il dut faire sa tournée à pied. À la fin de la journée, il était si fatigué qu'il arrivait à peine à mettre un pied devant l'autre. Il rentra chez lui épuisé au point d'en avoir perdu l'appétit, car tout ce qu'il voulait, c'était dormir. Il entra dans sa chambre à coucher, s'étendit sur son lit et s'endormit aussitôt après avoir fermé les yeux. Sa femme entra dans la chambre, défit sa cravate, délaça ses chaussures et lui mit les pieds sur le lit.

Environ une heure plus tard, le téléphone sonna et la femme du médecin répondit, afin que la sonnerie ne réveille pas le médecin. C'était Mme Smith, d'une des fermes voisines. Elle était hystérique parce que son bébé avait une fièvre très forte et, comme elle ignorait quoi faire, elle avait un urgent besoin des services du médecin. La femme de celui-ci répondit qu'il était trop fatigué pour pouvoir se rendre chez elle sur-le-champ, et demanda à sa voisine de donner au bébé une compresse d'eau froide et de l'aspirine, et lui indiqua que le médecin se rendrait chez elle à la première heure le lendemain matin. Même si ce dernier dormait profondément, son subconscient lui fit savoir que quelqu'un avait besoin de lui. Il demanda donc d'une voix lasse: «Qu'y a-t-il?» Sa femme lui parla alors du bébé qui faisait beaucoup de fièvre, si bien qu'il se leva et lui dit qu'il devait aller voir l'enfant.

Il prit sa trousse et se mit en route vers la ferme de Mme Smith, située à plus de trois kilomètres de là. Chemin faisant, il dut traverser un tunnel. En entrant dans le sombre tunnel, il entendit une voix lui crier: «Hé! vous avez une allumette?» Le médecin s'arrêta, déposa sa trousse, tira une allumette de sa poche, la tint près de son visage pour la voir, la craqua, alluma la cigarette de l'homme, ramena l'allumette à sa bouche et la souffla.

Puis il poursuivit sa route jusque chez Mme Smith. Il prit soin du bébé, parvint à faire tomber sa fièvre et lui donna un médicament pour l'aider à reprendre des forces. Il reprit ensuite le chemin de la maison. En traversant le tunnel de nouveau, il croisa encore une fois un homme dans les ténèbres. L'homme lui cria encore: «Hé! vous avez une allumette?» Le médecin s'arrêta encore une fois, déposa sa trousse, tira une allumette de sa poche, la tint près de son visage pour la voir, la craqua, alluma la cigarette de l'homme, ramena l'allumette à sa bouche et la souffla. Puis il se pressa de rentrer à la maison, où il sombra de nouveau dans un sommeil profond.

Quelques heures plus tard, le téléphone sonna de nouveau. Le médecin sauta à bas de son lit, et eut le souffle coupé en entendant ce que son interlocuteur avait à lui dire. C'était le sherif qui l'informait que M. Brown, un des meilleurs amis du médecin, traversait le tunnel durant la nuit lorsque quelqu'un l'assaillit, le roua de coups, le dévalisa et le laissa pour mort. S'il voulait sauver la vie de M. Brown, le médecin devait se rendre immédiatement à son chevet. Ce dernier s'empressa donc de saisir sa trousse et de courir à l'infirmerie. Il travailla fiévreusement à sauver M. Brown et parvint à stabiliser son état, si bien qu'on put transporter la victime à l'hôpital.

Le médecin demanda au sherif : « Savez-vous qui a fait ça ? » Le sherif lui répondit : « Oui, nous le détenons à la prison ! » Le médecin lui dit : « Puis-je le voir ? », ce à quoi le sherif répondit par l'affirmative avant de le conduire vers la cellule du détenu. Rendu sur place, c'est avec ahurissement que le médecin reconnut derrière les barreaux l'homme qu'il avait rencontré deux fois la nuit précédente. Le médecin s'approcha de la cellule et demanda au détenu : « Pourquoi ? Pourquoi ne vous en êtes-vous pas pris à moi ? » Et l'homme lui répondit : « J'avais l'intention non seulement de vous dévaliser et de vous rouer de coups, mais encore de vous tuer et de vous voler tous vos médicaments coûteux... mais chaque fois que vous craquiez une allumette, il y avait quelqu'un qui se tenait à vos côtés ! »

Mes amis, chemin faisant vers ce que vous êtes appelé à accomplir, vous ferez toutes sortes de rencontres. Certaines de ces rencontres seront affolantes, douloureuses et difficiles, mais vous devez toujours rester fidèle et vous rappeler que Dieu vous a promis qu'il ne vous délaisserait et qu'il ne vous abandonnerait jamais. Il sera toujours à vos côtés ; ayez simplement foi en lui.

Qu'est-ce que la foi ? Les Écritures nous disent ceci : « Or, la foi est une ferme assurance des choses qu'on espère, une démonstration de celles qu'on ne voit pas. » Elles nous disent aussi : « Car ce n'est pas un esprit de timidité que Dieu nous a donné ; au contraire, son Esprit nous remplit de force, d'amour et de sagesse. » Malheureusement, la plupart des gens vivent leur vie dans un esprit de timidité et non un esprit de foi. Ils permettent à la peur de rester, de régner et de résider dans leur vie. Ils vivent leur vie comme si la peur était à la barre et la foi un passager clandestin. Vivez votre vie avec la foi à la barre et je vous suggère de jeter la peur par-dessus bord.

Les psychiatres ont prouvé qu'il n'y a que deux types de peurs avec lesquels nous naissons, la peur de tomber et la peur des bruits forts, toute autre peur étant un comportement acquis. Les bébés entrent dans le monde avec seulement ces deux peurs, et acquièrent ensuite les autres peurs. Mon ami Dale Smith Thomas communique dans ses discours la signification du mot FOI par opposition au mot PEUR ! La peur est « une fausse preuve qui semble réelle », alors que la foi est « la découverte de réponses dans son cœur » ! Quelles sont les réponses que vous rechercherez et que vous trouverez dans votre cœur ?

## Le célèbre Wally Amos !

Wally Amos est devenu un ami au cours des dernières années. Nous nous sommes entretenus ensemble dans le cadre de plusieurs émissions et nous avons pu nous rendre compte que nous avions beaucoup de choses en commun. Wally est un exemple formidable de personne qui est parvenue à faire d'un revers le tremplin d'un retour en force. Son histoire est légendaire et on le cite souvent en exemple de la nécessité de ne jamais abandonner la partie.

Wally Amos naquit en Floride et grandit à New York. Jeune homme, il commença à s'intéresser à l'industrie de la musique et devint agent musical. Il ne tarda pas à en devenir un excellent. Pour remercier ses clients, il leur remettait des biscuits aux pépites de chocolat de sa propre confection. Ces derniers devinrent si prisés qu'on se mit à en lui demander pour les donner à beaucoup de gens. Un grand nombre de personnes lui offrirent de les lui acheter, ce qui fait qu'il se mit à les vendre dans de petits sacs de plastique. On lui en demanda de plus en plus souvent, si bien qu'il dut prendre vite une décision : ou il gardait son poste, qui lui plaisait, ou il confectionnait des biscuits, ce dont il raffolait. Il décida alors de faire ce dont il raffolait et démarra une entreprise à laquelle il donna le nom de Famous Amos Chocolate Chip Cookie Company.

Il travailla avec acharnement, si bien qu'après quelques années, aux quatre coins du pays, les gens achetaient dans les épiceries des biscuits aux pépites de chocolat Famous Amos. Il était devenu une célébrité ! Il se mit à faire des discours et à voyager, et laissa son entreprise s'exploiter d'elle-même. Malheureusement, les entreprises ne s'exploitent pas d'elles-mêmes. Comme les voitures, elles ont besoin d'un conducteur, sinon elles quittent la route. L'entreprise connut alors des difficultés financières, si bien que Wally se mit à la recherche de quelqu'un pour lui faire prendre le volant de la voiture en cavale. Une société offrit d'acquérir l'entreprise Famous Amos et de garder Wally comme porte-parole. On lui dit qu'il conserverait un excellent salaire s'il acceptait qu'elle garde son nom. Wally vendit alors son entreprise en bloc, avec son nom : Famous Amos Chocolate Chip Cookies.

Les choses allèrent bien pendant les premières années, puis la société fut vendue à une autre, qui la revendit par la suite à une autre, qui la revendit ensuite à une autre, cette fois plus grande. Or, le quatrième propriétaire décida qu'il n'avait plus besoin du nom de Wally, et se dissocia donc de lui. Il décida toutefois de garder le nom « Famous Amos », et indiqua à Wally que celui-ci ne pouvait plus l'utiliser.

Wally déclara aux dirigeants que « Famous Amos » était son nom à lui et que les gens du monde entier le connaissaient par ce nom. Ils ne pouvaient donc pas prendre son nom. À cela, ils répondirent :

«Oh oui, nous le pouvons. En vendant votre entreprise, vous avez signé un document indiquant que vous renonciez à vos droits de propriété sur votre nom.» Wally et la société aboutirent devant les tribunaux, et Wally perdit sa cause. Il dut abandonner le nom Famous Amos et se fit dire que des procédures judiciaires seraient intentées contre lui s'il mettait son nom sur des articles promotionnels.

Wally partit pour Hawaï afin de se reprendre en main. Il était au tapis, mais pas K.-O. Il savait qu'un revers n'est que le tremplin d'un retour en force. Il indiqua à sa famille que Dieu n'était pas le Dieu d'une seule idée : «Dieu m'a donné la première idée, et j'ai confiance qu'il m'en donnera une autre.» Wally ne tarda pas à avoir une autre idée, et démarra une nouvelle entreprise à laquelle il donna le nom de «Uncle No-Name's Cookies and Muffins». La société est d'ailleurs en train de prendre le pas sur la Famous Amos Cookies. Il est devenu également un auteur à succès, et il a mis au point une infrastructure lui permettant de donner des conférences et de voyager tandis que des gens de confiance conduisent sa voiture.

Voici les étapes par lesquelles Wally parvient à faire d'un revers le tremplin d'un retour en force :

1. Rappelez-vous que Dieu n'est pas le Dieu d'une seule idée : s'il vous a donné une idée, il peut vous en donner une autre, et vous en donnera une autre.

2. Rappelez-vous que Dieu est plus grand que toute situation qui se présente à vous. Ayez la foi !

3. Cherchez toujours à trouver des moyens de faire de la limonade avec vos citrons.

4. N'oubliez pas qu'il n'existe aucun fait concernant l'avenir. C'est vous qui créez les faits !

5. Là d'où vous venez importe vraiment peu, ce qui compte, c'est là où vous allez.

6. Wally a pour habitude de dire : «J'ai tenté d'atteindre le ciel, mais en vain... alors j'ai saisi quelques étoiles.»

Ayez la foi, ce qui signifie pour vous de partir sur rien et de croire que vous atterrirez sur quelque chose. Concentrez votre énergie sur un projet et allumez ainsi un feu en vous-même. Ayez de la suite dans les idées, en passant continuellement à l'action et en réalisant vos rêves.

Wally a prouvé que même un homme sans nom peut faire d'un revers le tremplin d'un retour en force.

## Jane Fletcher White

Jane Fletcher White est une dame étonnante de Houston, au Texas, qui a surmonté considérablement de revers en ayant recours à sa foi. Après avoir terminé ses études de premier cycle à l'université, avec une majeure en musique, Jane décrocha un emploi comme chanteuse dans la troupe de théâtre d'un bateau de croisière. Après avoir passé une année à chanter durant les croisières, elle s'établit à New York, où elle se mit à chanter dans des troupes de théâtre. Elle finit par avoir le mal du pays, et retourna à Houston. Là-bas, elle fit la connaissance d'un homme, le tout premier qu'elle rencontra à sa descente d'avion, et un an plus tard elle l'épousait.

Les nouveaux mariés travaillèrent avec acharnement afin de faire des économies, car ils voulaient s'acheter une maison et fonder une famille, mais après avoir tenté de tomber enceinte pendant un an, Jane apprit qu'elle ne pourrait pas avoir d'enfants. Elle en fut déçue, mais elle demeura reconnaissante pour tout ce qu'elle avait et continua de croire que Dieu pouvait faire et ferait quelque chose de miraculeux. Un mois plus tard... elle découvrit qu'elle était enceinte. Neuf mois plus tard, elle mit au monde des bébés dont le poids totalisait 6,8 kilos, un garçon et une fille ! Quatre mois plus tard, elle tomba enceinte de nouveau et quelques mois plus tard elle donna naissance à une petite fille. Elle eut ainsi trois enfants en moins de deux ans !

Alors que ses enfants étaient encore jeunes, Jane alla voir le médecin pour un examen de routine. C'est alors qu'on l'informa qu'elle était atteinte d'un cancer très rare et très malin. Les médecins lui donnèrent quelques mois à vivre. Elle se retrouva alors à un carrefour critique, mais elle se rappela ce que Dieu avait fait pour elle par le passé, et crut encore qu'il pouvait faire et ferait de grandes choses de nouveau. En fait, à l'hôpital, elle était si confiante en son avenir qu'elle prit soin de faire le tour des chambres de l'étage pour encourager les autres patients. Jane continua de nourrir une grande foi et de croire que Dieu accomplirait un miracle.

Beaucoup de médecins étaient d'avis qu'elle souffrait d'un cas grave de déni, mais Jane avait l'assurance qu'ils se trompaient… et elle eut bien raison de le croire ! Vingt ans plus tard, Jane est toujours ici-bas et vit encore la vie à fond. Elle s'adresse à des groupes partout dans le pays, elle chante dans une troupe de théâtre, et chaque jour est une fête pour elle !

Jane m'a dit qu'il y avait plusieurs leçons importantes qu'elle avait tirées de ses revers de fortune, en les changeant en retours en force.

1. Sachez qu'il est normal d'être en état de choc au début et même d'avoir peur dans une certaine mesure, mais faites le nécessaire pour remplacer rapidement cette peur par la foi. «Faites confiance au Seigneur, car il vous aidera à traverser l'épreuve.»

2. Gardez votre sang-froid ! La panique nuira à votre progression. Elle ne fera qu'empirer les choses. Restez calme et ayez la foi !

3. Mettez vos priorités en ordre. Dieu, la famille, et tout le reste vient après !

4. Apprenez comme elle à vous demander : « Tout compte fait, la chose importe-t-elle ? Si c'est le cas... battez-vous pour elle. Sinon... laissez-la aller ! »

5. Ne tenez jamais personne, rien, ni un seul jour pour acquis !

6. Osez courir des risques et empruntez toutes les portes qui vous sont ouvertes. S'il y en a une qui se referme, sachez que Dieu vous en ouvrira une autre !

7. Ayez la foi et ayez confiance en Dieu.

## Il n'y a nulle part comme chez soi... le pouvoir de la foi, de la concentration et du suivi !

En modifiant votre mode de pensée, vous modifiez votre perception des choses. Je l'ai compris un soir que je regardais la télé en compagnie de mon fils. J'avais lu quelque part que *Le Magicien d'Oz* serait diffusé ce soir-là pour la dernière fois du siècle. Même si je l'avais vu des dizaines de fois déjà, je décidai de regarder ce grand classique de nouveau avec mon fils. Or, l'histoire m'apparut sous un angle différent, ce qui me permit de remarquer des choses qui m'avaient échappé auparavant.

Il était une fois une petite fille du Kansas nommée Dorothy. Prise dans une tempête, Dorothy se retrouva bien loin de chez elle, sidérée, perdue et confuse. (Je pris alors conscience que cette situation ressemblait étrangement à la vie, car il nous arrive à tous parfois de nous faire prendre dans la tempête, de nous égarer, pour nous retrouver dans des situations ou des endroits qui nous sont étrangers.) Elle voulut rentrer chez elle, mais elle ignorait comment faire. (Vous êtes-vous déjà fait emporter hors du chemin pour aboutir dans un lieu inconnu où vous vous sentiez perdu, ignorant totalement où vous vous trouviez et comment procéder pour retrouver votre chemin ?) Elle rencontra beaucoup de nouvelles personnes, qui voulurent toutes la conseiller quant à la manière de résoudre son problème. Elles lui dirent : « Va voir le Magicien… tu n'as qu'à suivre la route de briques jaunes. »

Elle se lança en quête du Magicien et, chemin faisant, croisa la route d'un épouvantail. L'épouvantail était un chic type, mais il n'avait pas de cerveau, ce qui l'empêchait de rêver. Comme il voulait désespérément avoir un cerveau, Dorothy l'invita à se joindre à elle sur la route de briques jaunes qui les mènerait au Magicien, à qui ils demanderaient de réaliser leurs rêves.

Un peu plus loin sur la route, ils rencontrèrent un homme en fer-blanc, qui n'avait pas de cœur, ce qui l'empêchait de croire à son rêve. Dorothy lui parla donc du Magicien et l'invita à se joindre à eux pour aller demander au Magicien de lui donner un cœur. Ils poursuivirent donc leur chemin ensemble sur la route de briques jaunes. Ils rencontrèrent ensuite un lion poltron, qui n'avait pas le courage de vivre son rêve (sachez qu'il vous faudra très certainement du courage pour vivre votre rêve). Il voulait être le roi de la forêt, mais il avait trop peur pour le devenir. Prenant conscience qu'il avait besoin de courage pour devenir le roi de la forêt, ils l'invitèrent à se joindre à eux pour aller voir le Magicien.

Chemin faisant, ils avaient été en butte à des obstacles et à des défis, ainsi qu'à des situations mettant leur vie en péril, mais ils continuèrent d'aller de l'avant parce qu'ils sentaient bien qu'ils avaient besoin du Magicien pour les rendre complets. Finalement, après avoir surmonté maintes épreuves, ils purent voir le Magicien, mais tout cela pour se rendre compte qu'il ne s'agissait que d'un faux, un imposteur, un menteur. Il fut incapable de leur venir en aide ; en fait, il en était encore à se demander comment mettre sa propre vie en ordre.

Ils en furent dévastés. Tous leurs efforts acharnés furent vains. Ils avaient tant fait pour parvenir jusqu'au Magicien, pour se rendre compte finalement qu'il était dans l'incapacité de les aider à rentrer chez eux. Tandis qu'ils se lamentaient sur leur sort, ils reçurent la visite de Glinda, la bonne fée du Nord. Dans un regard de pitié, elle leur dit qu'ils n'avaient pas besoin du Magicien pour rentrer à la maison, car ils avaient en eux-mêmes ce qu'il leur fallait en tout temps. Tout ce qu'ils avaient à faire, c'était de frapper du talon trois fois.

À ce moment-là, je me rappelai la merveilleuse citation d'Emerson : «Ce qui est devant et ce qui est derrière vous ne pourra jamais se comparer à ce qui est en vous !» En pensée, je pouvais m'imaginer le groupe s'étonner d'entendre Glinda leur dire qu'ils avaient toujours eu en eux ce qu'il leur fallait.» Dans mon esprit, je pouvais voir Glinda leur transmettre la formule qui leur permettrait de changer leurs défis en occasions, formule qu'ils possédaient en eux-mêmes et qui pouvait faire de leurs revers les tremplins de leurs retours en force. Je me fermai les yeux et je me l'imaginai en train de leur dire qu'ils n'avaient qu'à frapper du talon trois fois, une fois pour la vision, une autre pour la décision et une dernière pour l'action. Et que, s'ils le désiraient suffisamment, ils rentreraient ainsi à la maison. Dorothy frappa donc du talon trois fois, et rentra chez elle.

Mes amis, tout ce dont vous avez besoin pour réaliser vos rêves se trouve déjà en vous, vous n'avez qu'à frapper du talon trois fois. Frappez une fois pour *la foi,* qui est la capacité de «croire fermement aux choses qu'on espère». «Avoir la foi, c'est être prêt à sauter… et à se laisser pousser des ailes dans sa chute !» Il arrive à l'occasion que nous nous fassions tous prendre dans une tempête et que nous nous perdions en chemin vers la maison. Prenez le temps de prier et de chercher une direction, et travaillez à faire grandir votre foi, qui est comme un muscle : plus vous l'employez, plus elle gagne en force. En fortifiant votre foi, vous serez en mesure d'essuyer la tempête sans baisser les bras. La foi nous donne la capacité de croire que nos rêves sont possibles.

Dans l'adaptation de Broadway de la pièce *Le Magicien d'Oz,* qui s'intitulait *The Wiz,* Glinda chantait une chanson in-titulée «If You believe» (Si tu crois) juste avant de leur montrer à frapper du talon trois fois. Elle leur disait que, s'ils y croyaient dans leur cœur, ils arriveraient à flotter dans les airs pour rentrer à la maison. Vous devez y croire, si vous souhaitez changer vos revers de fortune en retours en force. Vous devez croire que vous le pouvez et que vous le ferez. Acquérez la croyance qu'il vous est impossible d'échouer, puis agissez en conséquence. Ainsi, vous n'échouerez pas. Vous essuierez des revers de fortune, mais vous ne les considérerez plus comme des échecs, mais comme des revers, qui ne sont que les tremplins de retours en force.

Ensuite, vous frappez du talon pour *la concentration sur le but*. Concentrez-vous sur les possibilités, et non sur les problèmes. Concentrez-vous sur la perspective positive, et non sur la perspective négative. Concentrez-vous sur vos objectifs, et non sur les obstacles que vous avez à surmonter. Concentrez votre énergie sur les questions importantes à régler dans l'immédiat, et non sur les petits inconvénients qui tenteront de vous voler votre temps et votre énergie. Concentrez-vous sur les options qui s'offrent à vous. La personne qui est en mesure d'exploiter et de concentrer son énergie allumera les feux de la vie, mais celle dont l'énergie est dissipée n'y arrivera pas. Frappez du talon pour la concentration sur le but.

En troisième lieu, vous devez frapper du talon pour *la réalisation,* car vous devez passer à l'action si vous souhaitez changer vos revers en retours en force. Si vous croyez que vous trouverez un moyen, et que vous agissez en fonction de ces croyances en vous attendant à ce que vos actions récoltent des résultats positifs, vous vous mettrez alors à voler. Malheureusement, beaucoup de gens ont la foi, mais ne se réalisent pas. Dieu donne aux oiseaux de quoi se nourrir, mais il ne le met pas simplement dans leur nid. Il leur faut la foi et l'action, car la foi sans les œuvres est morte. Ayez donc la foi, restez concentré et réalisez-vous : passez à l'action.

James Carter et Ramon Williamson ont écrit un livre intitulé *22 Uncommon Ways to Success,* dans lequel ils s'expriment merveilleusement bien sur le sujet : «Marchez par la foi... mais courez quand vous le pouvez!» Mes amis, vous avez besoin de la foi pour faire d'un revers de fortune le tremplin d'un retour en force, mais cela requiert aussi que vous passiez à l'action. La foi et l'action forment une équipe du tonnerre. Ne quittez pas la maison sans elles, vous n'avez qu'à taper du talon trois fois, à avoir foi, à vous concentrer sur le but et à vous réaliser ; et n'oubliez pas... il n'y a nulle part ailleurs comme chez soi, nulle part ailleurs !

*La foi, c'est le fait de croire ce qu'on ne voit pas, et la récompense de la foi, c'est de voir ce à quoi on croit.*
—SAINT AUGUSTIN

## Étape 8 : Points à retenir

1. Déterminez en quoi vous avez placé votre foi. En Dieu ou dans les circonstances ?

2. Le mal que d'autres vous ont fait, Dieu l'a changé en bien. Il suffit pour vous d'avoir la foi.

3. Vivez votre foi, et non vos peurs.

4. La PEUR par opposition à la FOI = La peur est « une fausse preuve qui semble réelle », alors que la foi est « la découverte de réponses dans son cœur » !

5. Dieu n'est pas le Dieu d'une seule idée.

6. Restez « béni et très privilégié ». Tenez ce langage et vivez cette réalité.

7. Comptez vos bénédictions, et non vos problèmes.

8. Soyez disposé à miser sur vous-même, même si d'autres ne le sont pas.

9. La foi, c'est partir sur rien et croire que vous atterrirez sur quelque chose.

10. Frappez du talon trois fois, une fois pour la foi, puis pour la concentration sur le but, et ensuite pour la réalisation de

vous-même ; et puisez au plus profond de votre être le pouvoir de rentrer à la maison.

# ÉTAPE 9

## Tout est bien! Soyez reconnaissant! Adoptez une attitude qui attestera votre gratitude!

*Toutes choses concourent au bien de ceux qui aiment Dieu, de ceux qui sont appelés selon son dessein.*
—ROMAINS 8.28

Charles Spurgeon, le célèbre ecclésiastique britannique, remarqua un jour que la girouette sur le toit d'un bâtiment agricole portait l'inscription : «Dieu est amour», et en fut troublé. «Croyez-vous que l'amour de Dieu soit aussi changeant que cette girouette?» demanda-t-il au fermier. «Vous vous trompez, mon cher monsieur, lui répliqua le fermier, c'est écrit sur la girouette parce que, peu importe dans quelle direction souffle le vent, Dieu reste amour.» Peu importe dans quelle direction souffle le vent, tout est bien, car toutes choses finissent vraiment par concourir à notre bien.

Afin de vraiment faire d'un revers de fortune le tremplin d'un retour en force, vous devez en venir à la conclusion que tout est bien, tout est vraiment bien! Depuis quelques années, partout aux États-Unis, les jeunes gens se tiennent un nouveau discours qui va comme ceci :

«Comment vas-tu?»

«Bien!»

«Quoi de neuf?»

«Tout est bien!»

«Ouais, tout est bien!»

J'ignore s'ils comprennent véritablement le pouvoir de cette affirmation, mais je suis heureux qu'ils l'affirment, et qu'ils agissent en conséquence. Peu importe ce qui se produit dans la vie, tout est bien ! C'est une façon extraordinaire d'aborder la vie ; sachez simplement que tout est bien ! Dans mon premier livre, j'ai raconté une histoire qui a suscité une telle réaction positive que je me dois de la raconter de nouveau dans le présent livre. À mon avis, elle illustre à merveille le fait que « tout est bien », car toutes choses concourent véritablement à notre bien !

## Toutes choses concourent à notre bien...

Il était une fois un sage père chinois qui vivait dans une petite communauté. Ce père était très estimé de tous, pas tant en raison de sa sagesse, comme en raison de ses deux biens : un fils robuste et un cheval. Un jour, le cheval cassa la clôture et s'enfuit. Tous les voisins s'exclamèrent : « Quelle malchance ! » À cela, le sage père répondit : « Pourquoi parlez-vous de malchance ? » Quelques jours plus tard, le cheval rentra au bercail, avec dix autres chevaux, et tous les voisins s'exclamèrent : « Quelle chance ! » À cela, le sage père répondit : « Pourquoi parlez-vous de chance ? » Quelques jours plus tard, le fils robuste entra dans le corral pour dresser un des nouveaux chevaux, se fit jeter par terre et se cassa la hanche. Tous les voisins s'exclamèrent alors : « Quelle malchance ! » À cela, le sage père répondit : « Pourquoi parlez-vous de malchance ? »

Environ une semaine plus tard, le méchant seigneur de la guerre passa par le village et emmena à la guerre tous les jeunes hommes robustes qui avaient tous leurs membres. Le seul qu'il ne prit pas avec lui fut le jeune homme qui avait la hanche cassée. Tous les jeunes hommes moururent au combat, et lorsque la nouvelle parvint jusqu'au village, les voisins se pressèrent de venir dire au sage père : « Quelle chance ! » À cela, le père répondit : « De la chance ? Non ! Ce n'est pas de la chance ! Toutes choses concourent au bien de ceux qui aiment Dieu ! »

Il peut arriver parfois que les choses tournent vraiment mal et qu'elles n'aillent pas comme vous l'aviez prévu, mais si vous y regardez bien et que vous avez la foi, vous verrez que toute bénédiction s'accompagne d'un fardeau et que tout fardeau s'accompagne d'une bénédiction. À quelque chose malheur est bon, si vous êtes disposé à y regarder de près et à en tirer des leçons.

### Le pouvoir de la vision, de la décision, de l'action, du désir et de la foi !

*Il arrive parfois dans la vie que nous vivions des choses qui nous font grincer des dents et que nous courrions nous réfugier auprès de Dieu parce que notre monde est bouleversé, tout cela pour nous rendre compte que c'est Dieu qui est en train de le bouleverser.*

—AUTEUR ANONYME

*À quoi ça sert de pleurer quand il pleut, puisqu'en pleurant on ne fait qu'ajouter à la pluie ! À quoi ça sert de s'inquiéter de ses problèmes, puisqu'en s'inquiétant on ne fait qu'ajouter à sa souffrance ! En fait, la vie a ses hauts de même que ses bas. Et la vie a ses sourires de même que ses froncements de sourcils.*

—RANCE ALLEN

### Concentrez-vous sur la solution, et non sur le problème !

Lorsque vous essuyez un revers, vous devez concentrer votre énergie. Malheureusement, la plupart des gens se concentrent sur le problème et non sur la solution. Ils quittent leur but des yeux pour se concentrer sur les défis qui entourent leur but. Ils passent tout leur temps à s'inquiéter du problème et très peu de temps à réfléchir à la solution. Si vous avez l'intention de penser et de vous attarder au problème qui risque de se produire, qui est à venir, pourquoi ne pas penser aux bonnes choses qui peuvent se produire, aux choses positives qui peuvent se produire ?

L'inquiétude ne règle pas les problèmes ; elle les aggrave habituellement. En s'inquiétant, on fait un mauvais usage de son imagination. La plupart des gens s'inquiètent jusqu'à s'en rendre malades, ce qui engendre plus de problèmes et plus d'inquiétudes. Les experts médicaux s'entendent pour dire que la plupart des maladies ne sont pas attribuables à ce que vous mangez, mais plutôt à ce qui est en train de vous manger. S'inquiéter ne règle jamais rien. Ne concentrez pas votre énergie sur le problème, puisque le problème est déjà là. Concentrez-vous sur la création de solutions, puis sur les moyens d'agir en fonction de ces solutions. La solution n'attend que de naître, que d'être découverte, que d'être dévoilée, mais vous devez l'amener à la vie. Passez à l'action et libérez les merveilleuses réponses qui feront du problème chose du passé et qui feront de la solution chose du présent.

Dans la vie, nous aurons des défis à relever, nous aurons des problèmes à résoudre, nous aurons des revers à essuyer. Rappelez-vous simplement qu'il ne sert à rien de pleurer quand il pleut et qu'il ne sert à rien de vous inquiéter de vos problèmes. Concentrez votre énergie sur la solution et non sur le problème, et rappelez-vous qu'un revers n'est que le tremplin d'un retour en force !

Même s'il nous arrive à tous de traverser des temps difficiles, ne désespérez pas, ayez la foi, accrochez-vous et réalisez que vous en viendrez à mieux comprendre les choses au fil du temps. Avec du recul, je peux voir que je ne comprenais pas à l'époque qu'on me congédie de la boîte de nuit où je me produisais en spectacle. Je ne comprenais pas qu'on me confie un emploi de bureau après que j'eus donné avec succès des conférences pour la commission scolaire. Toutes ces situations étaient des revers de fortune. Je ne comprenais pas la raison de tout cela à l'époque, mais avec le temps j'en suis venu à mieux comprendre les choses.

Si on ne m'avait pas congédié de la boîte de nuit et remplacé par une machine à karaoké, je n'aurais pas accepté un poste auprès de la commission scolaire. Si je n'avais pas accepté un poste auprès de la commission scolaire, je ne me serais probablement jamais mis à donner des conférences. Si je ne m'étais jamais mis à donner des conférences, je ne me serais jamais joint à la National Speakers Association. Si je ne m'étais pas joint à la National Speakers Association, on ne m'aurait pas invité à prendre la parole durant le congrès de la National Speakers Association de 1994. Si l'on ne m'avait pas invité à prendre la parole durant ce congrès, je n'aurais pas rencontré l'éditeur Rick Frishman. Si Rick Frishman ne m'avait pas entendu en conférence, il ne m'aurait pas adressé à l'agent littéraire Jeff Herman. Si je n'avais jamais été adressé à Jeff Herman, il n'aurait jamais été en mesure de négocier un contrat de parution avec la St. Martin's Press. Et si ce contrat n'avait pas eu lieu, *vous* ne seriez pas en train de lire le livre que vous avez entre les mains !

Et tout a commencé par un revers de fortune, celui d'avoir perdu mon emploi de chanteur et d'avoir été remplacé par une machine à karaoké. Cela m'a conduit à essuyer un autre revers dans mon travail auprès de la commission scolaire, où j'ai dû décider entre faire ce qui s'imposait ou ce qui me mettait à l'aise. J'ai décidé de partir et de marcher par la foi. C'est alors que je me suis mis à donner des conférences et à créer une émission de radio d'une minute qui a donné lieu à la création d'un livre de motivation en une minute. Et aujourd'hui, il y a un livre qui porte sur les moyens de changer des revers en retours en force. Et tout cela a commencé par un revers de fortune. Oh oui, je comprends enfin qu'un revers n'est que le tremplin d'un retour en force !

Je ne le comprenais pas à l'époque, mais je le comprends maintenant. Si seulement j'ai la foi, je continue d'aller de l'avant, je continue de me représenter clairement le but à atteindre et je suis prêt à me battre pour mes rêves, alors mes revers deviendront les tremplins de mes rêves. J'ai pu me rendre compte qu'un revers n'est effectivement que le tremplin d'un retour en force. Peu importe ce qui arrive... tout est bien !

## La hutte en feu !

Le seul survivant d'un naufrage se fit rejeter sur le rivage d'une petite île déserte. Il pria fiévreusement pour que Dieu vienne à son secours, et chaque jour il scrutait l'horizon pour voir si l'on venait à son aide, mais personne ne semblait s'annoncer. Épuisé, il finit par réussir à se bâtir une petite hutte avec du bois rejeté par la mer, afin de se protéger contre les éléments de la nature et de ranger ses quelques biens.

Mais un jour, tandis qu'il cherchait de quoi manger, il aperçut un rayon de lumière. À son retour au bercail, il trouva sa petite hutte en flammes, d'où montait une épaisse fumée noire jusqu'au ciel. Le pire s'était produit ; il avait tout perdu. En proie à un vif chagrin et à la colère, il s'écria : « Mon Dieu, comment as-tu pu me faire une chose pareille ! » Toutefois, en dépit de sa douleur, il trouva le courage d'ajouter : « Je dois continuer d'avoir la foi, je dois continuer d'avoir la foi. » Tôt le lendemain matin, il se fit réveiller par le son d'un navire qui approchait de l'île. Il venait à son secours. « Comment saviez-vous que j'étais là ? » demanda l'homme las à ses sauveteurs. « Grâce à votre signal de fumée », lui répondit-on.

Mes amis, il est facile de se décourager quand les choses vont mal. Mais nous ne devrions pas perdre espoir, car Dieu œuvre dans notre vie, même au cœur des défis. Rappelez-vous la prochaine fois que votre petite hutte sera réduite en cendres, il se pourrait que ce ne soit que le signal de fumée qui changera votre vie du tout au tout. Votre monde est bouleversé et vous courez vous réfugier auprès de Dieu… tout cela pour vous rendre compte que c'est Dieu qui est en train de le bouleverser. Eh bien, Dieu donne dans le bouleversement ; Dieu donne dans le brisement, mais n'oubliez jamais que Dieu donne aussi dans la création !

Ayez la foi, croyez à vos rêves et passez à l'action. Rappelez-vous toujours que les revers font partie de la vie, et que des revers se produiront, que cela vous plaise ou non. Alors, adoptez une nouvelle perspective. Réalisez qu'il suffit d'une minute pour changer votre vie du tout au tout. Dès l'instant où vous prenez une décision, vous passez à l'action, vous poursuivez votre vision et que vous le faites en étant animé d'un désir profond, vous changez votre vie et vous vous mettez à faire de vos revers des retours en force. Rappelez-vous qu'il faut Vision, Décision, Action et Désir. Si vous en êtes capable, vous pourrez dire vous aussi : «Oh! quelle merveilleuse minute... un revers n'est que le tremplin d'un retour en force, et je suis en train de rentrer à la maison!» Agissez dès maintenant! Cela vous est possible. Dieu vous bénisse!

## Étape 9 : Points à retenir

1. Peu importe ce qui arrive, tout est bien !

2. Toutes choses concourent à notre bien.

3. Il ne sert à rien de pleurer quand il pleut ; concentrez-vous sur la solution, et non sur le problème.

4. Adoptez une attitude qui attestera votre gratitude.

5. Il arrive parfois que ce soit Dieu qui bouleverse et au même titre qu'il crée.

6. L'inquiétude ne règle jamais aucun problème, mais l'action, si.

7. Choisissez de gagner ! Choisissez d'être en bonne santé, riche, sage, heureux et reconnaissant.

8. Il se peut que votre hutte en flammes soit un signal de fumée vous destinant à une plus grande réussite.

9. Vision, Décision, Action et Désir forment une équipe du tonnerre. Ne quittez pas la maison sans elle.

10. Il suffit d'une minute pour faire un retour en force. Dès l'instant où vous prenez une décision et que vous passez à l'action, vous vous mettez en route !

# ÉPILOGUE

L a rédaction du présent livre s'est révélée un travail d'amour. Elle s'est avérée stimulante et difficile, et j'ai essuyé un certain nombre de revers chemin faisant. J'ai dû écrire, réécrire, et puis réécrire de nouveau. J'ai fait face à des problèmes d'informatique majeurs, à de grandes contraintes de temps et à toutes sortes de revers. J'ai eu des maux de tête parce que je n'arrivais pas à coucher sur papier ce que j'avais dans le cœur, mais j'ai continué et j'ai refusé d'abandonner la partie. Et j'ai grandi grâce à tout cela. Au bout du compte, j'ai l'assurance que la personne que je suis actuellement est très différente de celle que j'étais au commencement de ce processus.

Je prie dans l'espoir d'avoir atteint mes objectifs. Mon premier objectif consistait à vous inspirer. J'espère que ce livre a su vous «insuffler un nouveau souffle», et vous inspirer par de nouvelles idées et de nouvelles manières de percevoir les revers et les problèmes auxquels vous faites face dans la vie. J'espère que vous avez été inspiré et motivé; le cas échéant, vous aurez non seulement été touché au sens de la motivation, par votre esprit, mais encore vous aurez été inspiré et poussé à passer à l'action en raison de ce qui provient de votre propre cœur.

Mon deuxième objectif consistait à vous renseigner. La motivation et l'inspiration sans les informations sont incomplètes. J'espère que ce livre s'est révélé un manuel complet. J'espère que vous avez pu y trouver des façons de procéder, des faits surprenants et des points à retenir qui sauront éclairer votre chemin vers la réussite par des TIPS (techniques, idées, principes et stratégies efficaces).

Mon troisième objectif consistait à vous communiquer ma philosophie et certaines de mes perspectives théologiques d'une manière à la fois simple et révélatrice. J'ai voulu présenter les choses de manière suffisamment simple pour qu'un enfant puisse lire le livre et le comprendre, mais aussi de manière suffisamment informative et complexe pour qu'un universitaire puisse le lire et l'apprécier. Ma tâche s'est avérée difficile, mais je me suis efforcé de créer un livre susceptible de venir en aide à un grand nombre de personnes, qui pourraient en comprendre et en assimiler les informations, pour ensuite en venir à changer avec efficacité leurs revers en retours en force.

Finalement, j'ai désespérément voulu communiquer ma foi à d'autres et les amener à lire mon cœur, et non uniquement mes paroles. Je suis si reconnaissant pour ce que Dieu a fait dans ma vie, et j'ignore si vous êtes chrétien, musulman, juif, ou de toute autre foi ou conviction religieuse, mais tout comme je partagerais un repas dans un grand restaurant ou un film extraordinaire avec des amis, j'ai tenu à partager la joie et la satisfaction que j'ai reçues en faisant un engagement par rapport à ma foi. Si vous avez terminé ce livre et que vous n'avez toujours personne à qui faire appel, personne à qui adresser vos prières, ni personne que vous vous sentiriez à l'aise d'appeler votre Dieu, alors permettez-moi de vous faire une recommandation. Il s'agit ici des paroles de quelqu'un qui m'est venu en aide et qui m'a montré qu'un revers n'est que le tremplin d'un retour en force.

*Un jeune homme mourut au début de la trentaine, après qu'une courte carrière publique lui eut fait connaître la célébrité à son époque et dans son coin du monde. Une tragédie marqua l'histoire de sa vie : après avoir connu un succès renversant, on l'accusa faussement d'avoir commis un crime qui le mena à son emprison-nement, à son procès et à son exécution. La peine de mort fut exécutée. Il mourut donc dans la disgrâce, l'humilia-tion et la honte. Le rappel de tout cet étalage d'une injustice sociale désolante et sordide m'émeut jusqu'aux larmes, quoiqu'on finit par l'innocenter. Il revint, et son retour en force s'avéra époustouflant et spectaculaire. Son*

*honneur fut restauré et élevé. Son nom est aujourd'hui*
*le nom le plus respecté et le plus connu du monde chrétien.*

*Aujourd'hui, nous comptons même les années selon lui,*
*à savoir avant sa mort et après sa mort. C'est le Roi des*
*retours en force… Il s'appelle Jésus, et il est mon ami*
*et ma source d'inspiration. Je sais que, si vous vous*
*donnez simplement la peine de faire appel à lui…il vous*
*répondra ! Essayez voir, je suis sûr que vous l'aimerez.*
—ADAPTÉ DE ROBERT SCHULLER

Je vous remercie d'avoir lu et d'avoir partagé avec moi les pensées de mon cœur. Je prie pour que vous communiquiez ces renseignements à d'autres, qui les communiqueront à d'autres, et que ce processus se poursuivra, afin qu'un grand nombre de gens en viennent à ce constat : « Un virage dans la route ne constitue pas un cul-de-sac ! » Allez de l'avant et vivez vos rêves, avec puissance, passion et un but à atteindre. Et rappelez-vous que vous êtes né pour une raison et avec une mission à accomplir, et que vous devez vous réaliser !

Restez toujours béni et très privilégié, même au cœur des défis. Je vous laisse avec cette citation de Nelson Mandela : « Le plus grand pouvoir qu'on puisse avoir dans la vie n'est pas de ne jamais tomber, mais de se relever chaque fois qu'on tombe. » Continuez de vous relever ! Allez de l'avant, et n'oubliez pas ceci : « Un revers n'est véritablement que le tremplin d'un retour en force ! »

Rappelez-vous :

*Vous n'avez qu'une minute,*
*Faite de seulement soixante secondes.*
*Elle vous impose de ne pas la refuser.*
*Vous ne l'avez pas cherchée, ni choisie,*
*Mais il vous revient de l'utiliser.*
*Vous devrez en souffrir si vous la perdez,*

*En rendre compte si vous en abusez.*
*Juste une toute petite minute,*
*Mais une éternité réside en elle !*

Vous aurez des revers de fortune, mais ne désespérez pas, car le revers n'est vraiment que le tremplin d'un retour en force ! Allez de l'avant et vivez vos rêves !

# TABLE DES MATIÈRES